EL RIO DE LA VIDA

EDITOR : EDGARD OROCHENA M.

El Rio de la Vida Autor: William Martínez Latorre
Certificado de registro electrónico 2306224660135
Publicado en Estados Unidos por Maromjos Publishing LLC
Silver Spring 20910 MD
Revisión Edgard Orochena M/Agnes R Cajina Ledezma
Diseño de portada Martín Morán
Ilustración: Maromjos Publishing LLC
Maquetación: Maromjos Publishing, LLC
Edita: Maromjos Publishing LLC
maromjos.publishing@gmail.com

EL RIO DE LA VIDA

¿Cuál es la corriente de vida que nos mueve?

Maromjos Publishing LLC © 2023

Silver Spring, MD

ACERCA DEL AUTOR

WILLIAM MARTINEZ LATORRE

FECHA DE NACIMIENTO: VIERNES 12 FEBRERO 1960.

Estudios primarios, secundaria y preparatoria.

A la edad de 35 años ingresa a la escuela de filosofía Nueva Acrópolis donde adquiere conocimientos de filosofía practica durante 12 años con aquellos conocimientos se despierta el interés por encontrar un sentido de vida y después de muchos años de estudio y reflexiones decide escribir este libro con el único objetivo de mostrar y despertar el interés por descubrir este sentido de vida que es como un rio.

DEDICATORIA

Quiero dedicar este libro a todas aquellas personas que en algún momento al entablar conversación conmigo lograron que hablara de temas que de una manera u otra sirvieron para aclarar ideas y superar situaciones difíciles, ellas fueron las que me inspiraron y lograron que surgiera suficiente aprendizaje motivándome a escribir.

AGRADECIMIENTOS

Quiero expresar mi profundo agradecimiento a Nueva Acrópolis, donde adquirí gran parte del conocimiento plasmado en este libro. Su invaluable enseñanza y dedicación han sido una fuente inagotable de inspiración para mí.

También quiero extender mi gratitud a Victoria Navarro, quien ha sido un apoyo constante a lo largo de este proceso. Sus palabras de aliento y motivación han sido razones fundamentales que me han impulsado a concluir este libro.

Sin la contribución de Nueva Acrópolis y el apoyo incondicional de Victoria Navarro, este proyecto no hubiera sido posible. Les estaré eternamente agradecido por su influencia positiva en mi vida y en la creación de esta obra.

ÍNDICE

INTRODUCCIÓN

Descubrir "de dónde venimos", "a dónde vamos" y sobre todo "quienes somos", es algo que la humanidad siempre se ha preguntado y sobre el cual se ha estudiado desde que vino a ocupar este espacio que llamamos TIERRA. Una necesidad, es la de responder las preguntas que nos hacemos desde nuestros inicios ¿por qué el mundo es cómo es? ¿Quién soy yo? ¿Que estoy haciendo aquí? ¿Hay un destino? ¿Qué es la muerte? y sobre todo como es esa conexión que tenemos con todas las fuerzas naturales de nuestro mundo.

Para aquellos buscadores que son capaces de razonar sobre los problemas del ser y del existir, este libro será como una guía que a pesar de todo dará un nuevo sendero de investigación y de vivencia. Para lo cual pondremos a su consideración diferentes teorías y conceptos tanto científicos como religiosos y filosóficos.

En este libro titulado **"EL RIO DE LA VIDA"** tenemos la intención de mostrar con claridad e identificar de la manera más sencilla y lógica, como es la corriente de este rio de la vida y como navegamos en él. "Cómo somos" y cómo estamos conectados con nuestro entorno, con los elementos y los reinos de la naturaleza, cuales son aquellas normas o leyes que con frecuencia rompemos por falta de conocimiento y sobre todo como nos relacionamos con nosotros mismos, como debemos entender nuestra forma de pensar, sentir y por ende de actuar.

Hablaremos del tema en tres partes para comprender como funcionamos: En la **Primera Parte**, trataremos de entender como es nuestro mundo, o nuestro entorno, su origen, como lo vemos y entendemos además de como reconoceremos esa dualidad que nos pone entre uno y otro escenario. En la **Segunda Parte**, intentaremos reconocer en nosotros esas herramientas, cualidades o capacidades que nos acompañan para enfrentarnos a ese entorno con el que debemos trabajar en equipo y no chocando con el mundo como muchos lo hacemos. Y en la **Tercera Parte**, hablaremos de las leyes que nos rigen, las que la humanidad ha creado con la idea de lograr una buena convivencia, las leyes como el karma, que es acción y al cual lo hemos entendido como algo negativo y un castigo por nuestras acciones y la importancia de los principios universales y como las leyes matemáticas juegan un papel muy importante en nuestras vidas con los cuales haremos de la vida algo más placentero.

Para dar una idea un poco más clara de cómo será tratado el tema aquí, pondré un ejemplo con el juego de ajedrez donde lo primero por reconocer es el entorno que en este caso es el tablero, el cual tiene casillas cuadradas, unas negras y otras blancas. Por un costado están numeradas y por el otro tenemos letras, esto, con el objetivo de ubicar las casillas donde se encuentra cada una de las fichas dentro del juego, también vemos que hay unas fichas blancas y otras negras, las fichas con las que jugaremos. Estas son las herramientas que tenemos para enfrentarnos en el juego con nuestro contrincante, en ellas vemos que cada una tiene una función diferente, los peones, rey, reina alfil, etc. y lo más importante es saber utilizar esas herramientas, conocer de qué trata y establecer estrategias, reconocer las reglas para lograr ganar el juego, no es posible hacer una jugada con un caballo como si fuera la reina… debe jugarse como lo dicta la norma para el movimiento del caballo, el no hacerlo se estarían quebrantando las leyes y, por supuesto qué no debe hacerse, porque así no es posible que resulte bien el juego. Aquel que reconoce el entorno, sabe utilizar sus herramientas (fichas), reconoce las normas del juego y lo ejecuta teniendo estrategias; será un buen jugador como lo hace aquel que sabe jugar en la vida. En la antigüedad, en la india se utilizaba el juego de ajedrez para explicar cómo funciona el karma; a cada acción o movimiento realizado tiene una reacción o consecuencia, a cada movimiento de ficha hay que esperar a la jugada del contrincante. Y así es la ley, a cada acción hay una reacción.

La religión Judea Cristiana tiene su propia teoría: la creación fue realizada por Dios al igual que todas las religiones que parten del gran sabio Abraham, la cual debemos creer solo por fe y nada más, porque eso es suficiente para llevar una vida digna, mientras en las religiones del oriente igualmente variadas, la creencia es que el mundo no fue creado por un ser superior, sino que formamos parte de ciclos de creaciones y destrucciones. Las religiones siempre se han preocupado por dar una guía a la humanidad sobre "quiénes somos" y como debemos llevar nuestras vidas, y esto lo han dado a conocer bajo unos lineamientos basados en el miedo y en la culpa. Ninguna de estas religiones muestra el empuje de las viejas enseñanzas, tales como, la alquimia, la astrología y la magia que durante tantos siglos continúan abriéndose paso; en ocasiones a la vista del mundo y otras veces en grupos secretos que no dejaron la búsqueda de la sabiduría. Conocimiento que también se metió en las diferentes religiones dando lugar a muchos movimientos y polarizaciones con diferentes conceptos.

La ciencia por su materialismo científico tiene los ojos vendados y no se permite la inclusión de mente y pensamiento, sus argumentos están basados en la razón, la lógica y la evidencia. Los biólogos deben recordar con mucha frecuencia que lo que ven no fue diseñado, sino que es el resultado de la evolución, teoría Darwinista que actualmente está en crisis. La teoría nos dice que la vida se inicia por cuestiones del azar en un caldo primordial y desde entonces comienza la evolución en una línea recta avanzando en el tiempo hasta nuestros días, pero, la química por sí misma no pudo crear vida.

En la medida que vamos creciendo en conocimientos nos vamos dando cuenta de qué tan pequeños somos ante la inmensidad de nuestro universo. En la época del egocentrismo se hablaba de que éramos el centro de todo y que todo giraba alrededor nuestro, y pronto nos dimos cuenta de que somos nosotros los que giramos alrededor del sol y este es el centro de todo. Pero, descubrimos que también el sol gira alrededor del centro de nuestra galaxia la vía láctea. Ahora sabemos que nuestro planeta, mejor, nuestro sistema solar es tan solo un grano de arena o polvo en relación con el universo visible.

La ciencia continúa sus estudios, pero todas estas teorías son solo eso, "Teorías" porque al pasar el tiempo se van volviendo obsoletas y con cada estudio se descubren cosas nuevas o simplemente porque ahora lo entendemos de otra manera. Esta siempre ha sido una constante de la ciencia y sin embargo pensamos que, si la ciencia es la que lo dice, entonces no hay duda y así seguiremos con más estudios y nuevas teorías. En vista de que no ha logrado dar explicación a muchas dudas que tenemos ahora, la ciencia se está acercando más al "quienes somos" separándose un poco de su lado estrictamente material y aceptando en cierta medida la intervención de una inteligencia superior, de un diseño inteligente.

La filosofía con sus conocimientos ancestrales de los grandes maestros se centra más en "quienes somos" partiendo de sus innumerables conceptos de cómo somos, como estamos conformados de qué estamos hechos, como nos relacionamos con nuestro entorno, estudiando las conexiones que existen con todos los reinos de la naturaleza y con todo el universe. Además, de cómo debemos vivir la experiencia por la que hemos venido a este mundo.

En la actualidad encontramos mucha información de teorías y estudios, que gracias a la tecnología encontramos en la internet documentales e informes muy bien elaborados con argumentos ciertos y otros mal interpretados o con la idea de confundir a las personas que por falta de conocimientos y de formación quedan cada vez más perdidos en medio de tanta información

Independientemente de qué teoría nos parece la más acertada, no podemos olvidarnos de la verdadera esencia del ser humano y quizás debamos preocuparnos un poco más por entender quiénes somos aquí y ahora, reconociendo las herramientas con las que estamos equipados y empezar a nadar por **El Rio De La Vida** entendiendo las reglas del juego, reconociendo el entorno de aquella corriente de vida por la que debemos pasar y decidir como la viviremos, si la pasaremos en valsa o nadando, bien sea contra la corriente o arrastrados por ella, no importa cómo, cada uno lo decide, finalmente lo importante es entender el juego y desde luego hay que reconocer las reglas o leyes y aprovechando las herramientas que tenemos.

PRIMERA PARTE

NUESTRO ENTORNO

El inicio de todo

Esto es lo que queremos saber, pero, tal vez nadie sabe cuándo ni cómo fue la creación. Si Dios, desde los cielos, quizás lo hizo o tal vez no, solo Él lo sabe, o tal vez ni Él lo sabe. Cuándo sería la creación. La ciencia, la religión o la filosofía, podrán decirnos ¿cuál es el origen del mundo? ¿Quién tiene la certeza? ¿quién podría, con certeza declararlo?

La curiosidad del hombre ha logrado que siempre se mantenga en la búsqueda de respuestas sobre el origen de la vida y el del universo, tratando de entender nuestro entorno y nuestro origen; y sobre este tema trataremos desde el punto de vista de la cosmogonía (mitos y religión), la cosmología (ciencia) y la cosmogénesis (sentido filosófico)

La cosmogonía: Es la ciencia que nos muestra por medio de los mitos explicaciones del origen de nuestro universo y del ser humano, con narraciones enfocadas hacia los dioses y cómo se crearon dando explicaciones con la idea de descubrir los enigmas del universo. Se define la palabra cosmogonía como "relato mítico de los orígenes del mundo" o "teoría científica del origen y la evolución del universo". En estos mitos se tratan temas de una manera muy profunda con argumentos intrigantes, personajes con características especiales y conceptos con un manejo de las emociones muy íntimas. Estos mitos nacen como cuentos que fueron contados al borde de la hoguera durante generaciones y que aun en estos tiempos hay muchos lugares del mundo donde todavía se cuentan estas historias. Al aparecer la escritura, se escribieron y se transformaron en obras literarias, poemas o novelas. La gran variedad de estos escritos comparten temas comunes y gran parte de ellos inician con la pregunta… ¿Cómo se originó el universo?... ¿por qué no pensar en que el universo ha existido siempre y que no hay necesidad de una creación?

En muchas culturas el universo fue creado por Dios o dioses a partir de la nada. Cuando aparece la jerarquización en el hombre también se jerarquizan los cielos, aparecen Dioses en las mitologías y en las religiones, dioses del sol, la lluvia, el mar, el cielo, los montes y los ríos, también dioses que cuidan de las actividades específicas como la caza, la agricultura, el amor, el parto, la guerra y la muerte. Aparecen los mortales con poderes sobrehumanos, héroes que cumplen tareas imposibles como Hércules con sus 12 trabajos, batallas donde se enfrentan solos a todo un ejército, visitas al inframundo, y héroes quienes enseñan sus conocimientos a la humanidad.

Siendo la naturaleza la que principalmente se debía dominar con trabajo. Las ceremonias religiosas daban la ayuda que se necesitaba y en los mitos se encontraban las respuestas a los temores y angustias que el hombre y la naturaleza vivían. Los dioses eran quienes daban las respuestas a todos estos problemas que vivía la humanidad, y es aquí donde los mitos nos cuentan las historias de cómo es que se crea nuestro entorno.

En la búsqueda por descubrir nos encontramos con miles de mitos donde todas las historias hacen referencia a la creación del universo y de la humanidad, pero, para ello se ven obligados inicialmente a crear los dioses que luego son los creadores de todo. Encontramos dioses en los mitos europeos tan famosos como lo fue en la antigua Grecia; el panteón de los doce Olímpicos encabezados por Gea, quien con Urano, hacen el amor donde fue derramada una lluvia fértil de donde nacen los lagos y los mares de la tierra y las primeras razas que la habitaron. Como los cíclopes de cien manos, luego los cíclopes de un solo ojo, pero luego la más importante, una nueva raza, la de los gigantes llamados titanes quienes gobernaban la tierra siendo sus hijos las divinidades más poderosas del mundo.

En la antigua Grecia existieron muchas historias acerca de la creación de la humanidad, sus mitos cuentan de varios intentos para crear los seres humanos, aunque no está claro quien fue su creador.

En Europa del Norte los orígenes nórdicos nos cuentan el relato sobre la creación del mundo con la aparición de tres dioses que se enfrentan constantemente a Ymir, un ser enorme y monstruoso, que nace de los dos reinos que aparecieron a los lados del vacío; Uno de calor y fuego en el sur y en el norte otro de hielo y frío. Del deshielo ocasionado por estos dos reinos nace una gran vaca cuya leche alimenta a los primeros gigantes de donde nacen tres hijos, Odín, Vili y Ve, que se convirtieron en los primeros Dioses Nórdicos siendo Odín el líder.

En Asia occidental hacia los años 2600 A.D. se desarrollaban ciudades importantes en la Mesopotamia en medio de los ríos Tigris y Éufrates siendo una de las más importantes, la ciudad de Babilonia con una religión organizada y con imponentes templos llamados Zigurats. El mito de la creación inscrito en tablillas nos cuenta como APSU, Dios del agua dulce y TIAMAT, Diosa del agua Salada, crearon los primeros Dioses. ANU. Dios de los cielos y EA, Diosa convertida en diosa de la tierra y de las aguas, engendrando al Dios MARDUK quien mata a la Diosa TIAMAT reuniendo los cuatro vientos e inflándola como un globo y destrozándola con una flecha. Utiliza la mitad de su cuerpo para crear el cielo, y con la otra mitad creó la tierra, sus pechos en montañas y de sus ojos brotaron los ríos Tigris y Éufrates. Luego manda construir la Ciudad de Babilonia y crea al primer hombre LULLÚ a partir de la sangre de kingu, quien estaba al cuidado de las tablillas.

En Asia del sur y del este en los siglos VI y V a.c. nace el budismo que se extiende por toda la India, China y Japón. En sus mitologías, que son muy variadas, los Dioses y los espíritus tan incontables forman un panteón con la mayor cantidad de Divinidades que en cualquier otra parte del mundo. Siendo la India el centro de cuatro grandes religiones del mundo como lo son budismo, hinduismo, jainismo y Sijismo.

El hinduismo cuenta con múltiples Deidades, desde dioses poco conocidos hasta los principales como lo son

Brahma, Visnú y Shiva, que es la trinidad gobernantes del cosmos caracterizados como los creadores y que son tres seres distintos y una sola realidad.

Prajapati Señor de las criaturas o el dios Brahma es el creador primigenio según los diversos mitos sobre la creación según el hinduismo y la religión Védica. La creación es presentada como cíclica, donde en algún momento llegará el fin y empezará un nuevo proceso de creación.

Para entender un poco más nuestro entorno, trataremos de escudriñar el mito más conocido en occidente que nos habla sobre el origen del universo y de la vida, **EL GÉNESIS**, y por ser parte de la Biblia (libro sagrado para los judíos, cristianos y católicos), se tienen como verdad esta historia. Este libro está escrito en forma metafórica y poética, colocando un velo sobre los verdaderos y puros significados de la verdadera historia, lo que hace que se interprete de diferentes maneras y para quitar ese velo se debe ir más allá de las palabras.

Pero como todos los mitos, está sujeto a interpretaciones y por el hecho de verse textualmente muchos científicos la tomen como simple mito y que lo dicho allí no puede ser verdad.

Genesis, palabra que proviene del latín Genĕsis y este a su vez del griego Genesis (Γένεση) que significa Principio, Origen. Es un escrito de tipo religioso y teológico, el Genesis intenta responder a varios de los interrogantes que tenemos, como por ejemplo: ¿Como se originó el mundo?, ¿Qué relación hay entre el cielo y la tierra? y ¿entre Dios y el hombre?, ¿Qué sentido tiene la existencia humana?, ¿por qué ha entrado el mal al mundo?

El génesis nos cuenta como fue y responde en cierta medida a estos interrogantes.

"En el principio creo Dios los cielos y la tierra, en la tierra todo estaba vacío y solo era el caos, solo las tinieblas cubrían el abismo; y el espíritu de Dios aleteaba sobre las aguas,

Dios dijo; «Haya luz» y hubo luz. Vio Dios que la luz era buena y la separó de las tinieblas; y llamó a luz día y a las tinieblas noche. Día primero."

Es muy claro que, igual que en otros mitos es el vacío y el caos los aspectos primeros y lo importante de un lugar al crear los cielos y la tierra, pero vemos allí que hay tinieblas y pide que haya luz, creando en este instante la primera dualidad de la que conocemos al igual que día y noche.

Si lo vemos de otra manera quizás aquí estamos viendo el primero de los elementos de la naturaleza representado por el FUEGO.

"y dijo Dios: «Haya expansión en medio de las aguas y separe las aguas de las aguas» e hizo Dios la expansión, y apartó las aguas que estaban debajo de la expansión, de las aguas que estaban sobre la expansión: y llamó Dios a la expansión Cielos». Y fue el día segundo".

Lo que conocemos como atmosfera o bóveda celeste, aquí se llama la expansión y esta bóveda está totalmente ocupada por el aire, quizás aquí estemos viendo el segundo elemento de la naturaleza representado por el AIRE.

"y dijo Dios: «Reúnanse en un solo lugar las aguas inferiores y aparezca lo seco» Dios llamó a lo seco tierra y a las masas de las aguas las llamó mares «"y dijo Dios: «produzca la tierra vegetación: plantas con semilla de su especie y árboles frutales que den, sobre la tierra, frutos que contienen la semilla de su especie» y así fue. Y fue el día tercero".

Aquí podemos observar que hay otra dualidad que es lo húmedo y lo seco, todas las cosas que, hasta el momento hay, son duales y es representado por los elementos de la naturaleza y aquí vemos el elemento AGUA, que además tiene que ver con el reino vegetal y el elemento TIERRA que está conectado con el reino mineral.

"y dijo Dios: «Haya lumbreras en el firmamento que separen el día de la noche, sirvan de signos para distinguir las estaciones, los días y los años y luzcan en el firmamento del cielo para iluminar la tierra» y así fue el día cuarto".

Continuamos viendo cómo todo es completamente dual en toda la creación, aquí vemos que nos habla de la luna que la tratamos como la mujer más hermosa, la que nos inspira y por la que se han hecho los más bellos versos, es nuestra madre luna que brilla en la noche y del padre sol lleno de energía y calor, para el día, alumbrando la tierra, esto es masculino y femenino o positivo y negativo. Hasta aquí vemos todo un panorama creado especialmente para que la vida pueda darse, tenemos ya un lugar donde se han plantado todos los elementos necesarios para la supervivencia y un lugar completamente protegido contra todos los peligros del espacio exterior.

"y dijo Dios: «Produzcan las aguas reptil de ánima viviente, y aves que vuelen sobre la tierra, en la abierta expansión de los cielos «. Y creó Dios las grandes ballenas, y toda cosa viviente que anda arrastrando, que las aguas produjeron según su género, y toda ave alada según su especie. Y Dios los bendijo diciendo: «Fructificad y multiplicad y llenad las aguas en los mares y las aves multipliquen en la tierra.» Y fue el día quinto."

En este quinto día, Dios llena la tierra de seres vivientes; cada uno macho y hembra para que se fructifiquen y se multipliquen. Esto nos muestra muy claramente que todo está hecho con una sola idea, la del lugar donde vendrá el ser humano a vivir y experimentar la dualidad que requiere para reconocerse así mismo.

"y dijo Dios: «Hagamos al hombre a nuestra imagen, conforme a nuestra semejanza. Y señoree en los peces del mar, en las aves de los cielos, en las bestias, en toda la Tierra y en todo animal que se arrastra sobre la Tierra. Y creó Dios al hombre a su imagen. A la imagen de Dios lo creó, varón y hembra los creó. Y los bendijo Dios y les dijo. Fructificad y multiplicaos, llenad la

Tierra y sojuzgadla y señoread en los peces del mar, en las aves de los cielos y en todas las bestias que se mueven sobre la Tierra «. Y fue así. y vio Dios todo lo que había hecho y he aquí que era bueno en gran manera» y fue el día sexto.

Entenderemos pues, la razón por la cual se crea este entorno, aun al hombre lo hace macho y hembra, con el único objetivo de que se pueda reconocer a sí mismo y reconocer la dualidad de nuestro mundo y nos ubica a la cabeza de toda su creación, y por el hecho de ser superiores a todos los seres vivos, y por tener consciencia y mente debemos gobernar. Por ser semejantes a Dios es nuestro deber entender la capacidad que tenemos de crear nuestro propio destino, por lo cual estamos en plena libertad de elegir el camino para cumplir con ese destino que hemos elegido, este es el libre albedrío y de hecho lo hacemos con cada decisión que tomamos. La misión es aprender a crear, para cual nos dota con la capacidad para hacer el bien, igual como para hacer el mal, para sentir el amor como para sentir el odio, para pensar positiva o negativamente.

Es la lucha que todo ser humano tiene que librar. Ahora bien, veamos algo sobre la creación desde el punto de vista científico, como nada viene de la nada, entonces…

¿De dónde viene el material para el nacimiento del cosmos?

¿Cómo surgió la primera materia?

¿Qué es la materia oscura?

¿Es el universo finito o infinito?

La Cosmología se puede definir como la rama de la física que estudia el universo como unidad. Es la ciencia que se encarga de estudiar y descubrir sus leyes y el inicio del universo y sus misterios tratando de responder aquellas y otras preguntas, creando controversia directa con la religión y la filosofía y definiendo por medio de fórmulas matemáticas leyes que dan origen a la teoría del Big-Bang, o la gran explosión, dando inicio al tiempo, el espacio y la materia. Esta teoría nos indica que el universo a nacido a partir de una gran explosión hace unos 13.800 millones de años y es cuando el universo se hace material, según George Lemaitre, el universo se formó de la nada, de un átomo primordial que llamó "huevo cósmico", como el universo se expandía, entonces toda la materia estaría concentrada en un solo punto infinitamente pequeño que albergaba toda la energía y que se fue calentando hasta explotar formando todo lo que existe y se está enfriando a medida que se expande y se seguirá expandiendo hasta llagar posiblemente al Big-Rip o gran desgarramiento, que será el final de este universo. También existe la posibilidad que la materia se vuelva a comprimir en una singularidad espacio-tiempo, llamada Big-Crunch o gran implosión, gran colapso y éste será el final de nuestro universo. Siempre se habla y parece ser una realidad, el universo tendrá su fin y según el hinduismo comenzará un nuevo ciclo de creación.

Pero esta teoría como otras que existen tratando de descifrar como se originó el universo, no dan una respuesta satisfactoria. En la actualidad vemos como cada vez que se recibe información del telescopio espacial James Web, se está poniendo en duda la teoría del Big Bang. Al no haber certeza absolutamente de nada, nos encontramos con científicos aferrados a esta teoría y que esto es la única verdad, de igual manera como sucedió con la teoría del egocentrismo que después de 14 siglos, se demuestra que está equivocada y para entonces aquellos científicos arriesgaban su propia vida por atreverse a contradecir una creencia y siendo tratados de herejes y condenados a ser quemados en la hoguera.

Según Stephen Hawking, la respuesta está más allá de la física y que con la tecnología cuántica sería la única manera de encontrar dicha respuesta. Pero quizás por ser el universo un ser vivo también ha nacido y vive la dualidad de espíritu y materia como todos los seres vivientes. Es el espíritu o lo que identificamos como vacío donde la materia se manifiesta, por tal razón el vacío que no está vacío, sino que está ocupado por energía que no se puede eliminar, (Materia Oscura) es el VACIO del que hablan todos los mitos, religiones y todas las teorías científicas, donde se genera la gran explosión de un punto comprimido de materia y energía dando paso al nacimiento de todo, y la duda que tenemos en cuanto a la materia oscura, que tal vez sea el espíritu, solo cuestión de palabras, nombres, porque en realidad en toda la existencia de la humanidad se ha estado tratando de descifrar estos enigmas y tal vez sea que simplemente lo que hacemos es dar vueltas alrededor de lo mismo… porque el vacío es igual a lo que llamamos materia oscura que a su vez es el mismo espíritu; y la materia, la cual conocemos perfectamente por ser la parte más densa y que podemos identificar con nuestros sentidos se unen generando la vida y la existencia del universo.

"El espíritu es el Padre, La materia es la madre y el hijo es la vida." Nos enseñaron que Jesús fue engendrado por María y por obra y gracia del espíritu santo y esto parece ser lo mismo, "es la unión del espíritu y la materia generando vida".

En cuanto al surgimiento de la vida encontramos varias teorías como por ejemplo **La Biogénesis** que postula que la vida solo puede surgir de una preexistente, simula de manera visual los procesos involucrados en la evolución de los organismos unicelulares en la naturaleza. Intenta ser una aproximación a las ideas de evolución. Es la intención de servir como soporte para mostrar algunos hechos biológicos básicos.

La biogénesis es el proceso fundamental de los seres vivos que producen otros seres vivos. Mientras la Teoría de **La Abiogénesis** postula la idea de generación espontánea o que la vida surgió por cosas del azar o casualidad y un poco de suerte. La teoría de la panspermia dice que el material genético que ha llegado a la tierra por medio de los meteoros y cometas traen la vida y por lo tanto es de origen extraterrestre.

La cosmogénesis estudia el origen y el desarrollo del cosmos en la vida consciente del universo desde el instante de su creación y más específicamente el origen y desarrollo del hombre creado a "imagen y semejanza de Dios". Su premisa es que el origen del universo se basa principalmente en que "hay una realidad absoluta anterior a todo ser manifestado" sin ninguna relación con lo manifestado, es lo absoluto, la causa infinita, un "Principio Omnipresente y omnipotente, sin Límites e Inmutable", es el origen de todo lo que fue, es y será, Es aquello que hace que el ser sea.

Podemos entender que el desarrollo del macrocosmos compuestos por estrellas, planetas, galaxias y cúmulos está siempre en el proceso de auto regenerarse y evolucionando, perfeccionándose, buscando la armonía y mejorando su nivel de consciencia, proceso perfectamente identificado con el desarrollo del Microcosmos que es el ser humano (con todos sus sentidos, órganos, células y átomos). De esta manera es como el cosmos aprende y el hombre a imagen y semejanza del macrocosmos también aprende. "Como es arriba es abajo y como es abajo es arriba". Es decir, así como el cosmos está en constante perfeccionamiento y en busca de la armonía y belleza, así mismo lo hace el hombre en busca de su despertar de conciencia, este principio se conoce como la Ley de Evolución.

Los arquetipos ideales (Manas) son generados desde la esencia-inteligencia (budhi) conforman en unidad, el alma del cosmos la cual siempre está en permanente movimiento de regeneración y perfeccionamiento, esto nos lleva a deducir que, el cosmos evoluciona lo cual va generando cada vez estructuras de conciencia más grandes y bellas.

Teniendo en cuenta la periodicidad, por la cual se manifiesta la ley de ritmo, el flujo y reflujo, sucesivos e interminables como vida y muerte, sueño y vigilia, día y noche, son leyes de la naturaleza fundamentales. Y que la existencia de un alma suprema y universal o super alma es la unidad de todo con la que se identifican todas las almas a través de ciclos de encarnación o ley de renacimiento.

El mundo como lo vemos

"Este mundo es tan fascinante y lleno de maravillas, tanto en la inmensidad del universo como en la inmensidad de lo diminuto de un átomo. En cuanto más lo estudiamos más nos damos cuenta de la inmensidad de la creación y lo diminuto de nuestra vida".

El ser humano, por su deseo de conocer y su curiosidad, nos ha llevado a buscar respuestas a las preguntas fundamentales de la vida. Durante muchos siglos de investigaciones, hipótesis y teorías se han creado varios enfoques siendo los tres más importantes; la religión, la ciencia y la filosofía que son la guía del ser humano para una vida espiritual y material más definida, buscando las respuestas a las preguntas que tenemos y con anhelos de descubrir la verdad de este proceso que llamamos vida-muerte y el concepto del bien y del mal reconociendo la dualidad de este mundo.

La ciencia nos ha demostrado que nuestro entorno lo reconocemos por medio de los cinco sentidos siendo de esta manera la tierra la parte más material firme, real, nada más inmóvil, donde nos fijamos, donde caminamos sin la ayuda de su visión inteligente y vivimos nuestro período de vida, disfrutando de la luz cálida durante el día y de la fría oscuridad en la noche, de esta manera el hombre siente que él, es el centro de todo y es por esta razón que nace la teoría geocéntrica llamada **"el sistema Ptolomeo"** es una teoría científica-astronómica que sitúa la tierra en el centro del universo y a los astros, incluido el sol, girando a su alrededor, esta fue la teoría predominante en el siglo II d.c.. según Ptolomeo quien ratifica esta teoría formulada inicialmente por **Aristóteles** y a pesar de tener sus detractores, el geocentrismo parecía ser la teoría correcta. Finalmente, la iglesia y el feudalismo la convirtieron en la teoría dominante durante 14 siglos, hasta la época del renacimiento, aun cuando el astrónomo de Alejandría **Aristarco (310 – 250 a.c.)** pusiera en duda esta teoría. No es hasta cuando **Nicolas Copérnico (1.473 – 1.543)** religioso polaco, toma nuevamente el sistema sugerido por Aristarco y comparando la teoría con los hechos, logra explicar de una manera más razonable los movimientos de los astros ubicando al sol en el centro y los demás astros a su alrededor y dando a la tierra un eje propio sobre el cual gira.

Esta teoría fue recibida con mucho entusiasmo por unos y también encuentra sus detractores. Sin embargo, pocos años después el filósofo Italiano **Giordano Bruno (1548-1.600)** demostró el error del sistema geocéntrico indicando que la tierra gira alrededor y depende del sol y que éste es tan solo una estrella como todas las que vemos en el firmamento, quizás cada una con planetas propios. Su carácter soberbio, sus opiniones panteístas y su sarcasmo al escribir, solo sirven para complicar la aceptación de la teoría de Aristarco y Copérnico. No es hasta cuando las observaciones del incansable astrónomo y matemático Alemán **Johannes Kepler (1.571-1.630)** figura clave de la revolución científica, reconocido por sus leyes sobre el movimiento de los planetas en su órbita elíptica alrededor del sol. Entonces, el mundo científico dio a la teoría de Kepler su completa aceptación y en 1611 formula algunas de sus leyes ópticas con las que hizo posible la construcción de un telescopio en manos del astrónomo, ingeniero, filosofo, matemático y físico Italiano **Galileo Galilei (1.546-1.642)** relacionado estrechamente con la revolución científica. Eminente hombre del renacimiento mostrando interés por todas las ciencias. Logra un instrumento que nos permitía observar hasta los confines del universo, comenzando así la historia de observación del espacio y todo lo que hay en él, una forma para estudiar los fenómenos relacionados con los cuerpos celestes, su pretensión no solo está en determinar la posición y el movimiento, sino en identificar sus causas y la composición química y física de la materia cósmica y desde luego tiene como objetivo establecer con certeza el origen, la forma y la evolución de los astros y estrellas. Esto es La astronomía.

La observación y el estudio del cosmos han sido muy importantes para la humanidad, de ahí que se han creado calendarios para determinar una medida del tiempo, buscando la orientación tanto en la tierra como en el mar a través de las estrellas y de las constelaciones, y dando divinidad a los astros, estudiando la conexión de los astros con los hechos de la vida humana y reconociendo su influencia sobre la vida cotidiana, esto es Astrología. Es por lo que todas las culturas desde las más antiguas, las del renacimiento y las actuales han investigado y estudiado nuestro entorno. Parte fundamental para reconocernos a nosotros mismos y entender las leyes de las cuales nosotros hacemos parte.

La nueva tecnología nos ha llevado a la luna que fue visitada por el hombre en 1969 y se ha logrado enviar naves espaciales como las sondas Voyager 1 y 2 en 1977 con un rotundo éxito para estudiar de cerca todo nuestro sistema solar que ahora reconocemos como nuestro hogar. Además, de reconocer que somos tan insignificantes en relación con el universo y darle fin a la idea que tenemos de "todo fue creado para el ser humano".

Los telescopios cada vez más grandes nos han ayudado a observar a más distancia nuestro universo, son fundamentales para la astrofísica, ubicándolos en los mejores sitios del planeta, estos telescopios cada vez más sofisticados están capacitados para observar los objetos más pequeños y distantes del universo. Tenemos el GRAN TELESCOPIO CANARIAS (G.T.C) puesto en marcha en el 2007 con un reflector de 10,4 m; ubicado en el Observatorio del Roque de Los Muchachos, La Palma, Islas Canarias; EL HOBBY-EBERLY en 1.996 con reflector de 10 m. en el condado de Texas; los telescopios KECK 1 Y KECK 2 en 1.993 con reflector de 9,8 mt, en la isla de Hawái; EL GRAN TELESCOPIO SUDAFRICANO en 2005 con espejo fragmentado de 11 m. en Sudáfrica; EL VLT de cuatro telescopios en el año 1998/99/00 y 2001 con reflectores de 8,2 m. en el cerro Paranal del desierto de Atacama, Chile y el proyecto TELESCOPIO GIGANTE MAGALLANES se encuentra en construcción en las montañas del desierto de Atacama en Chile, y entrará en funcionamiento a finales de esta década con 7 espejos cada uno de 8,2 mt para un radio total de 24,6 m.

Pero era necesario poner nuestros telescopios fuera de nuestra atmosfera, llamados telescopios espaciales y así se han puesto en 1990 el telescopio Hubble con más de 30 años de observaciones con mucho éxito, y con el cual se pudo ver lo nunca visto por el hombre, abriéndonos una ventana hacia el pasado, llegando a su límite de distancia de observación.

Y es así, por lo que en esa misma época se empieza a crear el sucesor, el cual es diseñado y construido en el transcurso de treinta años, "el telescopio James Web" el más grande telescopio espacial puesto en órbita en diciembre del año 2021 con la misión de descubrir las galaxias más lejanas y el origen de nuestro universo, además de encontrar vida inteligente (similar a la del ser humano) en los llamados exoplanetas, este telescopio cambiará para siempre lo que sabemos o creímos saber sobre el cosmos, permitiéndonos retroceder en el espacio y en el tiempo hasta el propio nacimiento del universo, además deberá encontrar respuestas a las preguntas como... ¿cuál es la naturaleza del universo? ¿Cuál es nuestro lugar en él? ¿De dónde viene? ¿Por qué es cómo es? Y muchas preguntas más nacidas a la medida que aumenta nuestro conocimiento sobre nuestro entorno. Ahora sabemos que el universo tiene una constante que conocemos como vida.

La teoría de la relatividad presentada por Albert Einstein hace posible explicar desde el origen del universo y la órbita de los planetas hasta los agujeros negros. La física llevaba 200 años regida por las leyes de Isaac Newton, y aunque había algunos aspectos en los que sus leyes no eran exactas al explicar la gravedad, fuerza que nos mantiene sobre el suelo de la Tierra y hace que los planetas se mueven alrededor del sol. Esto era perfecto para los fenómenos terrestres, pero no a escala planetaria. Einstein, primero imaginó las 3 dimensiones del espacio y la dimensión del tiempo juntas y le llamó "espacio tiempo", luego demostró que ese espacio tiempo es como una especie de tela elástica. El Sol, por ser una estrella tan masiva, es como una bola pesada que, al ser colocada sobre esa tela elástica, hace que la tela se curve, ahora la tierra y los otros planetas del sistema solar por ser más pequeños son como pelotas más ligeras, entonces, cuando uno lanza una de ellas sobre la tela elástica la pelota no avanza en línea recta, lo que le pasa es que sigue la deformación o curva que esa gran pelota pesada provocó en la tela. Lo que muestra es que, según la teoría de la relatividad general, el Sol es un cuerpo tan masivo que obliga a los planetas a seguir la deformación que él mismo provoca en el tejido del espacio tiempo. Lo que Einstein planteó es que los planetas no orbitan alrededor del sol por la gracia de la fuerza de la gravedad, sino por la propia geometría del espacio-tiempo, o sea, nos mostró que estábamos viendo el universo entero de la forma equivocada.

El astrónomo y sacerdote Católico Georges Lemaitre habla del "átomo primordial" Afirmaba que las galaxias son fragmentos despedidos por la explosión de este núcleo, dando como resultado la expansión del Universo. Éste fue el comienzo de la teoría Big-Bang sobre el origen del Universo. En 1948 George Gamow modificó la teoría de Lemaitre del Átomo primordial y planteó que el Universo se creó en una explosión gigantesca y los diversos elementos que se observan se produjeron durante los primeros minutos después de la Gran Explosión (Big Bang).

Stephen Hawking fue el último astrofísico superdotado sobre la tierra que pensó y estudió mucho sobre el universo y se dedicó a descubrir cómo funciona y porque existe este maravilloso universo con millones de galaxias y muchos secretos y misterios por descubrir.

Allí donde hay una galaxia espiral (La vía Láctea) donde habita la humanidad cada vez más sorprendida. Se ha establecido que el universo es inimaginablemente antiguo con cerca de 13.800 millones de años y probablemente estará por otros tantos más. Pero sin duda, el hecho más sorprendente es que el universo y todas las incontables galaxias e incluso el espacio-tiempo, al igual que las fuerzas naturales se crearon a partir de la nada. El universo se inicia a partir de la gran explosión o Big-Bang (teoría que ahora está entre dicho) y se expande en todas las direcciones haciéndose cada vez más grande pasando de ser la más pequeña partícula para tener el tamaño de una manzana en menos de una trillonésima parte de segundo. De esta manera se había dado el inicio para llegar a ser la maravilla que es hoy. Y todo gracias a la irregularidad, la imperfección y el caos, así que cuando alguien diga que cometes muchos errores, puedes hacer la aclaración que sin la imperfección ninguno de nosotros existiría y no tendríamos nada que mejorar.

A partir de Stephen Hawking los Físicos de todo el mundo estudian el comportamiento de los agujeros negros y ahora sabemos que tienen un papel fundamental en la formación de las galaxias, también nos dan una pista de cómo puede acabar el universo. La vida es uno de los fenómenos más extraños. Sabemos algo acerca del origen del universo, pero, que poco sabemos de cómo surgió la vida. Se cree que ha surgido por casualidad y seguramente la ciencia descubrirá que hay una autoridad suprema quien ajustó las leyes de la naturaleza para que pudiéramos existir.

«Una de las razones por las que me encanta la cosmología es que no sólo dice de dónde salió la gigantesca red de galaxias del universo, sino que también qué nos depara a nosotros y al mismo universo. Creo que es muy emocionante ser uno de los primeros seres humanos capaz de mirar hacia el futuro, o incluso millones de años adelante, o quizás hasta el Fin de los tiempos. Lo que veo, no es tan sólo el futuro del cosmos que habitamos, sino todos los enormes retos a los que deberán enfrentarse las especies. Después de todo, somos organismos insignificantes comparados con el poderoso universo que nos creó la Tierra, misma que nos dio la vida»

Stephen Hawking

Después de este pequeño recorrido por la historia dejando de mencionar muchos otros científicos importantes y de poner en contexto a nuestros lectores sobre nuestro entorno y el deseo de investigar los muchos interrogantes, luego de hacernos una idea de lo grandioso que es el espacio que vamos descubriendo con los telescopios tanto terrestres como espaciales y de haber abierto nuestras mentes a la inmensidad del universo, ahora debemos mirar hacia nuestro interior para que nuestras mentes se profundicen hacia la complejidad que tienen las cosas más diminutas de nuestro mundo. Debemos empezar a ver las cosas con los ojos de la inteligencia, desde lo más denso a lo más sutil y desde lo grande a lo pequeño y dejar de creer que solamente se puede creer en lo que vemos.

Los astrónomos y los químicos con sus investigaciones han determinado que todos los materiales que forman la tierra son los mismos materiales que forman todos los cuerpos celestes, no se han encontrado elementos químicos o materia que no conociéramos en la tierra. De acuerdo con las investigaciones, todos los métodos nos aseguran que al estudiar cualquier muestra de este mundo estamos estudiando el universo y la química nos muestra que la tierra con todos sus metales y minerales, el agua en sus estados sólido, líquido y gaseoso, así como también los cuerpos de todos los seres vivientes están formados de elementos y cada elemento está constituido por diferentes cantidades de diminutas unidades llamadas ÁTOMOS, los cuales están formados de núcleo, electrones, protones y neutrones, los que a su vez contienen muchas partículas aún más pequeñas llamadas Quarks, pero aquí no acaba todo; en los estudios de la última década realizados en el acelerador de partículas en Suiza se han logrado grandes descubrimientos entre los que se define la existencia de la partícula que le da el origen a la masa, "El Bosón De Higgins" conocida también como la partícula de Dios.

En la mecánica o física cuánticas, la nueva ciencia de lo pequeño nos trae una serie de conocimientos sobre el universo y sobre nuestro propio ser. La ciencia cuántica nos muestra el comportamiento de las partículas fundamentales que forman a todos los seres y a todo lo que nos rodea.

Hay dos teorías que se manejan actualmente; La nueva teoría de la **gravedad cuántica** conocida con el nombre de Conjuntos Causales, enfocándose en la comprensión del espacio tiempo que se descompone en fragmentos o átomos, nos da una descripción de tres de las cuatro fuerzas fundamentales de la naturaleza (fuerza débil, fuerza fuerte y electromagnetismo) a escalas microscópicas, encontrándose con dificultades para resolver los misterios de las singularidades y la otra teoría conocida como **Relatividad General**, es la descripción mejor expuesta para la Gravedad en la que se consideran dos fallas; en los agujeros negros, y en el inicio del universo, a este par de fallas se les conoce como singularidades. En los inicios del siglo XX los estudios realizados por los científicos de entonces se extrañan del comportamiento de las partículas fundamentales, descubriendo que una partícula puede estar en dos sitios a la vez, pueden atravesar paredes, teletransportarse, tener conexiones extrañas como si a una partícula le sucediera algo, puede estar relacionado con lo sucedido a otra en el otro extremo del mundo.

Sólo hace falta entrar a un centro comercial para darnos cuenta de que la física cuántica la tenemos en nuestro día a día con tecnología, las puertas se abren de manera automática es precisamente gracias a una célula fotovoltaica. El microondas lo podemos utilizar precisamente gracias a la física cuántica. Se habla mucho últimamente de los ordenadores cuánticos que funcionan con lo que llamamos cubits.

No es un 0 (cero) o un 1 (uno), sino con ceros y unos simultáneamente, con eso, lo que tenemos al final son ordenadores que podrían llegar a funcionar con una capacidad de cálculo más grande que, si todos los ordenadores clásicos estuviesen computando simultáneamente e incluso más allá, serán capaces de hacer cosas imposibles para los ordenadores normales. Avances extraordinarios en todos los campos, como por ejemplo en la medicina. Un ordenador cuántico podrá hacerlo. En el acelerador de partículas en la frontera entre Francia y Suiza el LHC, de unos 27 km de circunferencia que está enterrado a unos 100 m bajo suelo donde se aceleran protones, las partículas que están dentro de los núcleos, allí se hacen colisionar con velocidades cercanas a la velocidad de la luz, con el objetivo de intentar recrear el origen del universo, básicamente para intentar trasladarnos hacia el origen del cosmos y conseguir explicar la complejidad de lo que se ha transformado hoy en día nuestro universo.

Cada día descubrimos más sobre nuestro universo, sobre su funcionamiento y sus leyes y cada vez estamos más sorprendidos con cada descubrimiento en todos los aspectos de nuestro entorno, y por supuesto cada vez estamos aceptando que nosotros somos parte y no algo separado y mucho menos superior a nada de lo que nos rodea, con todo esto se ha establecido el principio de unidad de un verdadero universo.

Sabemos que no hemos completado nuestro trabajo, pero, el hombre se esfuerza por conocer de la manera más completa y profunda tanto la inmensidad del universo exterior como la complejidad interior del ser apoyándose también en el conocimiento filosófico de los grandes maestros de la antigüedad, cómo de los modernos científico-filosóficos.

Pero por muchos adelantos tecnológicos y estudios científicos y filosóficos que realice el hombre, siempre tendrá nuevas preguntas y recorrerá nuevos caminos por los senderos del conocimiento.

"Entre más sé, sé que nada sé".

Sócrates.

La Dualidad de Nuestro Entorno

Las cosas grandes son más fáciles de comprender que las cosas pequeñas, el viaje que haríamos al exterior es igualmente distante al viaje que haríamos al interior encontrando nuevas maravillas para desafiar nuestra mente. La ciencia dice que, en el sistema atómico, los electrones están a una distancia relativamente igual a la de los planetas del sistema solar. La observación de los dos infinitos con los que compartimos nuestra existencia, como son lo infinitamente grande y lo infinitamente pequeño, recordándonos que con los sentidos finitos solo podemos medir lo finito, y al tratar de hacer comprensible la totalidad, captamos en cada una de sus partes la mano de la inteligencia creadora que se expresa por medio de las leyes que la regulan colocándonos frente a una dualidad bajo la cual nacemos, vivimos y morimos luego de experimentar nuestro entorno para lo cual existe.

Estos dos infinitos se hayan entrelazados cómo lo confirma Hermes Trimegisto cuando señala que:

«Como es arriba, es abajo; como es abajo, es arriba. »

El Kybalion.

Pero, también tenemos otro principio que nos habla con más claridad de la dualidad en la que vivimos se trata de "El Principio De Polaridad" que dice:

«Todo es doble, todo tiene dos polos; todo, su par de opuestos: los semejantes y los antagónicos son lo mismo; los opuestos son idénticos en naturaleza, pero diferentes en grado; los extremos se tocan; todas las verdades son medias verdades, todas las paradojas pueden reconciliarse.»

El Kybalion.

Es así, como entendemos que vivimos en un mundo de extremos donde todo tiene su opuesto; si hablamos de Macrocosmos, su opuesto es el Microcosmos, si hablamos de luz, su opuesto es la oscuridad, de temperatura, tenemos el calor y el frío, y si es de nuestros lados, tenemos derecho e izquierdo, de nuestra cultura bondad y maldad, de nuestros sentimientos alegría y tristeza, comprendemos nuestro entorno cómo una dualidad ya que nosotros estamos hechos para vivir y entender desde los opuestos. Nuestro cerebro solo comprende lo que ve si tiene como compararlo con su opuesto, la muerte no la comprendemos sin la vida, no es posible comprender el tiempo sin el espacio.

Lo que vemos en nuestro alrededor es un reflejo de lo que llevamos dentro de nosotros, es decir, "como es adentro es afuera" de acuerdo como nuestra mente concibe nuestro entorno, así lo vivimos y de esta manera lo vemos, nuestros pensamientos están entre positivo y negativo, de igual manera vivimos nuestro mundo emocional y el mundo energético entre positivo y negativo y nuestro cuerpo físico también vive esta dualidad entre masculino y femenino, todo lo que sucede, sucede porque tenemos la posibilidad de crear con nuestro pensamiento, las cosas que creamos suceden, por nuestras decisiones. No existe la casualidad, lo que existe es la causalidad, todo tiene una causa y por supuesto hay una consecuencia y en esto no hay casualidad. La felicidad la sentimos cuando hacemos lo que tenemos que hacer para lograr nuestro objetivo, la felicidad está en este proceso. Las emociones son una consecuencia de nuestros pensamientos, la existencia de un extremo depende de su opuesto.

EL BIEN Y EL MAL desde el punto de vista religioso, según el génesis. El bien y el mal nacen en el momento en que se despierta la mente, la capacidad de razonar y entender, explicando de esta manera la dualidad, el mito de la manzana que Eva le entrega a Adán, nos describe de una manera muy sencilla como es el despertar de la conciencia y como se abre al conocimiento en el ser humano. Es allí donde nace el bien y el mal según la biblia. Son los opuestos más representativos, siendo el bien absoluto y único ¿Dónde quedaría el mal? Aquí todo es bueno y malo a la vez. Aquí todo tiene una parte luminosa y una parte oscura, a pesar de lo que pueda parecer a primera instancia, el dilema del hombre es que no acierta a ser del todo blanco ni del todo negro.

La filosofía trata de buscar una idea del bien de modo que resulte aplicable y comprensible para el hombre. No obstante, Diremos que el bien es aquella parte superior, más depurada, más cercana a los arquetipos, mientras que el mal es lo más alejado, sin embargo, Platón dijo que la verdad para los hombres suele ser la mentira para los dioses y viceversa. Es decir, que a veces, lo que para un hombre representa un acto bueno es un acto malo para un superhombre. Todo depende del punto de conciencia que se haya desarrollado para poder clasificar un acto de bueno o de malo. Son valores cambiantes por lo mismo que pertenecen al mundo de dualidades.

CUENTO:

"Pregunta el discípulo a su maestro:
—¿Como se puede luchar contra el mal para vencerlo?
—No hay que luchar contra el mal, hay que practicar el bien. Toda lucha engendra resistencia y robustece aquello que tememos, los miedos nos inducen a la lucha con los demás, repercutiendo negativamente en nosotros mismos"

Anónimo.

LA VIDA Y LA MUERTE nos pone ante otro par de opuestos. ¿Qué es lo que está vivo? ¿Qué es lo que está muerto?

Cuando el hombre pasa a lo invisible o desconocido, decimos que ha muerto. Pero si vemos las cosas del otro lado podría decirse que el hombre ha nacido. Por lo tanto, la vida y la muerte dependerán del punto de vista desde el cual se les observa, si estamos aferrados al cuerpo, morir es perder el cuerpo; Sí estamos aferrados al alma morir es perder el alma.

La vida y la muerte no existe, no son más que aspectos de la vida, una que se manifiesta de una manera o de otra, nosotros, nos venimos mirando diariamente en el espejo y, sin embargo, no nos dimos cuenta de cuando dejamos la niñez para entrar en la adolescencia o cuando dejamos la juventud para arribar a la madurez. Eso sucede porque esta línea puntual es la más engañosa de todas, en realidad no es una línea, sino un mismo punto que se va moviendo, representa la evolución de una conciencia que no vive ni muere.

La conciencia puede o no reflejarse en el mundo objetivo, esa es la única diferencia, tal vez nosotros consideramos que tenemos ahora, sin embargo, hemos venido de algo y ese algo estaba vivo desde antes. De nada no hemos venido, aun cuando sigamos la más materialista de las doctrinas, aquella que nos habla de que la unión de dos células surge la vida, pero esas dos células estaban ya vivas. O sea, que venimos de la vida que continúa y vamos hacia la vida que continúa. No se ha mencionado el hecho de que el cuerpo una vez muerto se desintegra en diversas sustancias que favorecen diversos procesos. ¿Entonces, cómo hablar de la muerte?

En realidad, no nacemos, llegamos a este mundo con llanto, nos cuesta adaptarnos a las circunstancias externas, pero luego nos acomodamos, nos acostumbramos y ahora nos sentimos cómodos, aprendemos todos los días como estando en una escuela donde tomamos el aprendizaje y luego, el proceso requiere que después de esta experiencia volvamos nuevamente al lugar de donde venimos para continuar viviendo de otra manera, así como nos acostumbramos a sobrevivir en el medio objetivo, seguramente nos adaptaremos al esquema incorpóreo.

Para la filosofía el concepto de vida no puede depender de meras actitudes externas, si respirar es estar vivo, entonces, un fuelle estaría vivo, si estar caliente es estar vivo, entonces un motor de un vehículo estaría vivo, si hablar es estar vivo, entonces un radio lo estaría y, sin embargo, no puede considerarse vivo aquel que no está consciente de estarlo, de lo contrario a lo sumo está dormido en la materia. En viejas tradiciones se mencionan dos nacimientos para el hombre, uno físico y otro consciente, de modo que no basta con la actividad celular para estar vivo o despierto. Hace falta el nacimiento consciente que nos va a dar realmente el valor de la vida.

Vida y muerte no son más que ilusiones, algún día fuimos niños y tuvimos nuestro mundo infantil, ahora eso cambió y dentro de muy poco habremos llegado a la vejez, Así como no existe una línea divisoria entre estos estados, tampoco hay una línea divisoria en lo que llamamos vida y muerte, realmente la vida es una línea continua donde sólo cambia su estado.

Quizás seamos nosotros los extraterrestres, venimos solo a entender la dualidad y a reconocer la existencia de este mundo utilizando, no solo el cuerpo con el que nos presentamos, sino todo lo que este planeta nos proporciona, tal vez sea esta la razón por la cual destruimos todo lo que hay a nuestro paso y luego, cuando ya hemos terminado nuestro propósito de aprendizaje, entonces, abandonamos el cuerpo físico, todo lo que en este mundo de dualidad reuniéramos para disfrutar de nuestra estancia y viajamos de regreso a dónde venimos,

"Salí del padre, y he venido al mundo; otra vez dejo el mundo, y voy al padre" (Juan 16:28)

EL PASADO Y EL FUTURO solo son los opuestos en la escala del tiempo y puesto que para siempre pasaron los días y los días futuros quizás no los conozcas en tu actual estado de existencia, debes reconocer su punto medio que es el presente, por lo tanto, es tu deber aprovecharlo, sin lamentar la pérdida de lo pasado, ni confiar demasiado en tus días futuros, esto es solo un estado que puedes conocer por que dependerán de tus acciones presentes.

Este instante es tuyo, el siguiente está en el seno del futuro y no sabes qué te llegará, cada estado futuro es consecuencia natural del estado presente, todo cuanto resuelvas hacer hazlo sin demoras, no dejes para mañana lo que puedes hacer hoy, la mano de la diligencia vence a la pobreza y la prosperidad y el éxito son servidores del hombre laborioso, es aquel que ejercita su mente en la contemplación y su cuerpo en la acción. Así, mantiene la mente y el cuerpo sano.

"No puedes vivir en el pasado porque no se puede modificar y tu futuro depende de tus acciones del presente, por lo tanto, tu vida está en el punto medio, El Presente".

LA VERDAD Y LA MENTIRA siempre estará esta controversia en la mente del ser humano, porque su mente también vive esta dualidad, siempre estamos entre la verdad y la mentira buscando la verdad en todos los aspectos de nuestra existencia, por eso estudiamos, por eso investigamos, por eso nos hacemos preguntas pretendiendo descubrir la verdad, la ciencia siempre busca comprender nuestro entorno y crea teorías, la religión busca comprender nuestro mundo espiritual y crea premios y castigos y es aquí donde parte la idea de Dios y el diablo, otra dualidad necesaria para comprender la diferencia entre el bien y el mal, dando gracias a Dios si nos salen las cosas positivas y culpándolo si salen mal… además culpamos al Diablo del castigo que recibimos, cuando solo es el resultado de nuestros actos.

Y, la filosofía busca comprender las acciones del ser humano explicando que, de acuerdo con nuestros pensamientos, despertamos nuestros sentimientos y por ende nuestras acciones representan nuestra forma de pensar. Finalmente, todo en busca de entender la dualidad del mundo en que vivimos, esta es la razón por la que venimos a este mundo.

LA LEYENDA DE LA MENTIRA Y LA VERDAD

Cuenta la leyenda que un día la Mentira y la Verdad se encontraron en un río.

Entonces, la Mentira le dijo a la Verdad:

– Buenos días, doña Verdad

Y la Verdad, que no se fiaba mucho de su nueva amiga, comprobó si realmente era un buen día.

Miró al cielo azul sin nubes, escuchó cantar a los pájaros y llegó a la conclusión de que, efectivamente, era un buen día.

– Buenos días, doña Mentira.

– Hace mucho calor hoy, dijo la Mentira.

Y la verdad vio que tal y como decía la Mentira, era un día caluroso.

La Mentira entonces invitó a la Verdad a bañarse en el río.

Se quitó la ropa, se metió al agua y dijo:

– Venga doña Verdad, que el agua está muy buena.

Por aquel momento la Verdad ya sí se fiaba de la Mentira, así que se quitó la ropa y se metió al río.

Pero entonces, la Mentira salió del agua y se vistió con la ropa de la Verdad mientras que la Verdad se negó a vestirse con la ropa de la Mentira, prefiriendo salir desnuda y caminar así por la calle.

La gente no decía nada al ver a la Mentira vestida con la ropa de la verdad, pero se horrorizaba al paso de la Verdad desnuda.

Anónimo

En occidente se ha conocido un libro que viene desde la antigüedad, de los grandes maestros orientales. **El Bagavat Gita** que se nos presenta bajo un lenguaje simbólico y con una apariencia física que no tienen otro objeto que descubrir a los ojos del hombre que quiere ver las verdades ocultas en su esencia. Se desarrolla en un campo de batalla con guerreros de uno y otro bando prestos a la lucha. Sin embargo, no habla en forma directa y verdadera a la lucha interior que libra el hombre, El Bagavat Gita es pues, el detalle cabal de la dualidad existente en el hombre, aquella que lo hace sentir por momentos igual a Dios y por momentos hermano gemelo de la Tierra.

La dualidad es sintéticamente la expresión de la multiplicidad, es decir, aquello que ha dejado de ser unidad.

"yo también percibo que todo lo que está a mi entorno, está cambiando y muriendo siempre.
Siempre hay debajo de todo…

… ese cambio, un poder vivo que permanece, que mantiene todo junto,

Puedo ver en medio de la muerte, como persiste la vida.

En medio de la falsedad, como persiste la verdad y como…

…en medio de la oscuridad persiste la luz, de aquí…

… concluyo que Dios es vida, verdad y luz. Él es amor…

… es el supremo bien."

Mahatma Gandhi

SEGUNDA PARTE

COMO SOMOS

Nuestra constitución

Es evidente que estamos hechos de materia y que tenemos una forma, pero esa forma al cambiar como pasa con los granos de maíz que después de ser molida deja su forma, pero, no se pierde la esencia, sigue siendo maíz, así mismo el hombre tiene su esencia.

En este capítulo veremos unos conceptos sobre quienes somos, o mejor, cómo es que estamos hechos o cómo es que estamos constituidos, hablaremos de diferentes divisiones del ser, como lo material y lo espiritual y como la de cuerpo, alma y espíritu usada desde el nacimiento del cristianismo, la utilizó Pablo para explicar cómo es que están constituidos los hijos de Dios; Nous, Sique y Soma usada por los griegos, hasta llegar a la división septenaria usada en india y todo el oriente, la cual nos permitirá tener un modelo para ubicar cada uno de los cuerpos o vehículos y dimensiones donde intentaremos descubrir todas las herramientas que tenemos para enfrentarnos al entorno en que vivimos.

Empezaremos por las partes más sencillas, y es hablar de nuestra parte **Material y Espiritual**, las cuales nos da un inicio de cómo podemos entender un poco la dualidad de la que siempre hemos estado hablando. Cuando hablamos de materialismo, lo primero que pensamos es en nuestro cuerpo y en todas las cosas estrictamente materiales, aquellas que podemos ver y sentir además de aquellas cosas como el dinero y el poder, sin tener en cuenta que todo lo material es efímero y tiene su fin al igual que nuestro cuerpo material. La fama, la riqueza y el poder son algunas pruebas de que el materialismo hace que el hombre se crea superior, creyendo que sus logros son méritos propios convirtiéndose en un ser prepotente y cayendo en malas acciones con la idea de mantener sus logros sobre todos, olvidándose de que es poseedor de un espíritu que requiere de atención para lograr el bien de todos, casi todas las personas que están inmersas en el materialismo confunden su sentido de vida porque no se hacen las grandes preguntas de la existencia como ¿Para qué y porqué estoy aquí? ¿Cuál es mi función aquí? ¿me conozco a mí mismo? ¿Qué pasará después de mi muerte? El espíritu siempre estará presente a la espera para dar la ayuda y reencauzar su vida.

La espiritualidad, desde el inicio de todo, ha sido y será tema de discusión por toda la existencia del ser humano, por lo cual, nacen los mitos, filosofías y las religiones, encontrándonos allí con explicaciones para comprender nuestra esencia, pero, en todo lo espiritual realmente hay muchos enigmas, muchos misterios muy difíciles de entender, la ciencia los analiza por medio de la psicología, la parapsicología y la psiquiatría quitando todo misticismo y reduciéndolo únicamente al plano mental y emocional, reduciéndolo a simples aspectos de la vida sin poder dar una definición concreta ya que también intenta comprenderla.

El contacto con la espiritualidad es una oportunidad que cada uno puede darse entrando en contacto con el enigma de su propia vida demandando sentido y verdad de modo que en su búsqueda se posibilita para percibir esa dimensión, la de lo desconocido, la del misterio del que se conoce como fuente de paz y armonía, del amor y del bien.

Ahora bien, entraremos a hablar un poco sobre la tricotomía (división de tres), **Cuerpo, Alma y Espíritu**, que para los griegos es Soma, Psique y Nous. De los cuales encontramos mitos que nos dan cierta claridad sobre nuestra constitución. En un concepto teosófico derivado de San Pablo. "La Tricotomía (partir en tres)" se conoció en el cristianismo primitivo y fue aplicado por los gnósticos. Todo hombre tiene un cuerpo, una alma y un espíritu.

El uso de la palabra espíritu ha creado una confusión al tratársele como sinónimo de alma, los escritores la utilizan indiscriminadamente y los lexicógrafos aprueban su uso. Para los teósofos "espíritu" es una palabra que se utiliza únicamente para referirse a la conciencia universal. Así la mente superior del hombre (en sánscrito, MANAS) cuando está unida de un modo indisoluble con la inteligencia (en sanscrito, BUDDHI) es un espíritu, mientras el alma se califica como alma viviente y se aplica únicamente a la mente dual, de deseos o mente inferior (en sánscrito, KAMA MANAS). La parte material del ser humano (cuerpo) es esencial por ser el vehículo receptor para la manifestación del alma en este plano de la existencia, y el alma, es el vehículo en un plano más elevado para la manifestación del espíritu, para mantener la esencia del ser. El espíritu no es una entidad que tenga forma, pero cada espíritu individual se puede describir como un centro de conciencia, los tres forman una trinidad sinterizada por la vida que los impregna a todos.

El espíritu es la parte más sutil del ser humano, por la cual es posible contactar con Dios. El alma es un intermediarios entre nuestro espíritu y nuestro cuerpo, siendo por ello conscientes de nosotros mismos y de nuestra personalidad, percibiendo las cosas en nuestro mundo psicológico, tenemos razón, pensamos, consideramos, existe nuestra memoria y nos hacemos preguntas, vivimos emociones como felicidad, tristeza, amor, ira, y tenemos la posibilidad de elegir tomando decisiones. Nuestro cuerpo es la parte más densa que tenemos, por medio del cual nos contactamos con nuestro entorno más físico, del que somos conscientes por nuestros cinco sentidos.

De acuerdo con la biblia, dios ha creado al hombre de una manera muy diferente a como fue la creación de todo lo demás y por tal razón tenemos un contacto directo por medio de nuestro espíritu que hace parte de la conciencia universal. Sin embargo, existe una controversia entre si el hombre es una dicotomía o una tricotomía, en el primero se dice que el hombre está compuesto por un cuerpo y un espíritu y que ambos conforman un alma viviente. Según esto, un alma es en cuerpo y un espíritu unidos en una sola persona. Otro punto de vista de la dicotomías es que el alma y el espíritu es una misma cosa con dos nombres diferentes y que deben utilizarse como sinónimos por que se refieren a la misma realidad espiritual dentro de la misma persona, mientras que en la tricotomía (partir en tres) se diferencia espíritu y alma y cada una tiene su función.

El tema de la espiritualidad es un tema demasiado largo y complejo, pero, aquí solo damos una idea muy somera para que comprendamos que estamos constituidos con dos aspectos importantes para vivir la experiencia de la dualidad de este mundo y con el objetivo de incentivar a nuestro lector a investigar y conocer más sobre este asunto.

"Somos seres espirituales viviendo una experiencia material".

Ahora tenemos la oportunidad de discutir sobre un tema un poco más filosófico y con mucha lógica para comprender nuestra constitución. Desde el siglo XIX hemos estado recibiendo conocimientos de oriente (india, china, etc.) siendo la filósofa rusa Helena Petrovna Blavasky quien después de muchos viajes por la india adquiere estos conocimientos y trayéndolos a occidente donde son aceptados ya que en ellos encontramos un mapa con mucha claridad, un modelo para comprender nuestras herramientas y cómo estamos constituidos, se trata de la Constitución Septenaria muy conocida en india y que a continuación intentaremos explicar y veremos cómo se relaciona con todo incluido nuestro entorno de una manera comprensible de cómo estamos constituidos.

Partiendo desde lo más denso a lo más sutil es el plano o dimensión de lo físico el primero y es muy lógico que se requiera de una parte física constituida por elementos físicos y organizados, es el llamado cuerpo ETERO-FISICO, se trata de nuestro cuerpo físico y por supuesto que tiene que ver con todo lo que la tierra produce de donde todo sus componentes son estrictamente materiales, correspondientes a **El Reino Mineral** y con uno de los elementos de la naturaleza, el elemento TIERRA.

Pero, no es suficiente con tener un cuerpo físico ya que ¿cuál sería la diferencia que tendría el cuerpo físico con una mesa si no es porque está vivo?, ese cuerpo requiere de vitalidad o energía, en una segunda dimensión para la que también se requiere de un cuerpo, el cual se conoce con el nombre de EL CUERPO ENERGÉTICO, el que está estrictamente conectado con el segundo reino, **El Reino Vegetal** siendo su principal elemento el agua correspondiendo al segundo elemento de la naturaleza AGUA. El cuerpo humano está constituido con un 70% de líquidos y un 30 % de otros elementos, sabemos que el agua es energía, es vitalidad, por eso cuando alguna persona está muy baja en energía lo mejor y lo primero que pensamos es en suministrarle agua, porque sabemos que eso reanimará a quien la consume. Además, recordemos que es por el agua que tenemos energía eléctrica ya que aprovechamos ese elemento para generarla.

Ya contamos con un cuerpo que se corresponde con el reino mineral (tierra) y lleno de energía o vitalidad que corresponde al reino vegetal, (agua) teniendo un proceso vital que lo reconocemos por su crecimiento y su reproducción. Pero, sus procesos biológicos se alteran como resultado de factores invisibles ajenos a estos dos cuerpos, como el miedo, el amor, la ira, y muchos sentimientos que hacen parte de del ser al cual se le reconoce como la psiquis o con el nombre de CUERPO EMOCIONAL o cuerpo astral, cubriendo todas las emociones desde las más bajas y violentas hasta las más sublimes siendo este en común con **El Reino Animal** al igual que el físico y el energético, por tal razón vemos que todos los animales siempre están mostrando sus emociones, su mundo es completamente emocional, viven alrededor de todo tipo de emociones, y para no ir tan lejos vemos como el perro que por ser el más cercano al humano, compañero y amigo le comprendemos cuando está feliz, triste o con ira viviendo de esta manera todo el reino animal. Este cuerpo tiene estrecha relación con el elemento AIRE. Recordemos que las emociones las controlamos mejor con una buena respiración, de ahí la importancia de aprender a respirar. Pero aquí tenemos algo más , lo que nos hace diferentes a los animales, lo que nos hace ser el reino humano, aquello que llamamos razón, aquello que hace que tengamos conocimiento de nosotros mismos, por lo que tenemos pensamiento, y lenguaje, aquello que nos hace entender en cierta medida quienes somos y que controla los cuerpos anteriormente mencionados, se trata de nuestro CUERPO MENTAL, la mente concreta o como es conocido en oriente Kama Manas, mente de deseos, es también conocido como yo inferior por ser la raíz de la conciencia que nos identifica con los demás cuerpos inferiores, es el vehículo por el que se manifiesta el yo superior donde se desarrollan la memoria, la imaginación y todas las funciones analíticas, es aquella chispa divina que de acuerdo al mito griego nos ha regalado Prometeo, por esta razón nos referimos a quienes tienen buenas ideas así: "Se le ha prendido el bombillo" o a quien por ser muy ingenioso y creativo "tiene muy buena chispa" El conocimiento nos da claridad, tenemos claro lo que entendemos, siempre estamos relacionando las cosas de la mente con la iluminación, con el fuego. Y desde luego que tiene que ver con el elemento FUEGO. Esta es la representación de **El Reino Humano**. Este cuerpo es exclusivo del ser humano, ya que no lo tenemos en común con ningún otro ser en este planeta.

Hasta aquí entendemos estos cuatro cuerpos como lo ha llamado H.P.B el Cuaternario Inferior o Personalidad, ya que forman parte de lo que es un ser con cuerpo y psiquis integral.

Esta clasificación se da en una forma ascendente y desde lo más denso a lo más sutil de los elementos.

CUARTENARIO - PERSONALIDAD

Reinos De La Naturaleza	Elementos De La Naturaleza	Cuerpos De La Personalidad	Nombre En Sánscrito
Humano	Fuego	Mental	Kama-Manas
Animal	Aire	Emocional	Linga Sharira
Vegetal	Agua	Energético	Prana
Mineral	Tierra	Etero-fisico	Stula Sharira

Esta personalidad o cuaternario es la parte mortal, perece en el tiempo, estos cuerpos son temporales, se deterioran, sufren desgaste como lo sufre todo lo manifestado y luego se disuelven en los elementos constitutivos (tierra, agua, aire y fuego)

Genesis 2:7 "entonces Jehová Dios formó al hombre del polvo de la tierra; del barro lo formó y sopló en su nariz aliento de vida, y fue el hombre un ser viviente"...

De acuerdo con la religión, el hombre fue creado por Dios y para esto Dios tomó barro (tierra y agua) para darle la forma y le dio el soplo de vida (aire) y aunque no lo dice, pero, todos lo sabemos, puso la chispa divina (fuego). Esto nos indica que fuimos hechos con los cuatro elementos de la naturaleza y por supuesto que somos parte de los reinos de la Naturaleza.

El cuerpo físico debemos alimentarlo con elementos del reino mineral, para el energético contamos con el reino vegetal y con el elemento agua, dando el mejor manejo energético para nuestro ser. El emocional reconociendo todas nuestras emociones y trabajando para tener el mayor control, ya que son el resultado de los pensamientos que llevamos con nosotros. De ahí que se dice que todo lo que pensamos nos llena de emociones positivas o negativas, según sean los pensamientos y de acuerdo con ellos son nuestras acciones; no existe la casualidad, lo que existe es la causa (causalidad) de decisiones y por ende tenemos un resultado y por esa razón es así, es nuestro presente y de ende nuestro futuro que está trazado por nosotros mismos. Nosotros decidimos nuestro destino y tenemos el libre albedrío para escoger el camino a recorrer. Aquí no hay castigo ni premio, solo es el resultado de nuestras decisiones (acción y reacción) por causa de nuestros pensamientos, y de nuestras emociones o sentimientos actuamos.

PENSAR, SENTIR, ACTUAR. "Nuestros pensamientos son una herramienta para comprender nuestro entorno. No debemos permitir que ellos nos definan, nosotros definimos nuestros pensamientos."

Después de ver estos cuatro vehículos que constituyen la personalidad, lo cambiante, aquello que es mortal y que es como las vestidura, distinta en cada ser, así como son diferentes las ropas con que nos cubrimos, veremos ahora la triada o individualidad, encontrándonos con el yo superior, lo que no cambia, a lo que no le afecta ni la vida ni la muerte, es el mundo de las ideas inegoísta, no afectadas por el miedo y por el deseo, desapegada de la vida, una mente superior conocida como MANAS, mente pura, mente espiritual, yo, aquella que solo la poseen los hombres más evolucionados, los que tienen cierta vida interior y que tienen ideales nobles. Luego nos encontramos con el cuerpo BUDHI o alma equivalente a sabiduría, Intuición, conocimiento directo, donde la razón no existe.

Es bien sabido que existieron seres que tenían el poder de ver el futuro, presentir catástrofes, comprender escritos en leguas no conocidas. Es aquí donde encontramos los ideales religiosos y altruistas en su más filosófica e inimaginable concepción. Y terminamos con esta clasificación ascendente por encima de Manas y de Budhi, encontramos ATMA, la monada, el espíritu, la voluntad pura superior, el yo real, la cúspide del hombre, la chispa divina que lo une con lo sagrado.

Es de resaltar que esta triada (Manas, Budhi y Atma) es superior y es transcendental, es eterna. Son los principios que encarnan según la teoría de la reencarnación. Es el individuo, el origen de todo lo que exteriormente somos. Podemos entender que hay tres estadios por conquistar con los que se abriría el horizonte y vislumbraríamos la posibilidad de ser super hombres y cada vez más semejantes al Dios del que venimos.

La importancia de conocer esta constitución es entender de una forma gráfica como estamos constituidos y por lo tanto debemos aprender a tener control y cuidar adecuadamente cada uno de estos vehículos o cuerpos que utilizamos en cada una de estas dimensiones. Son nuestras herramientas para llevar a cabo nuestra experiencia en este mundo.

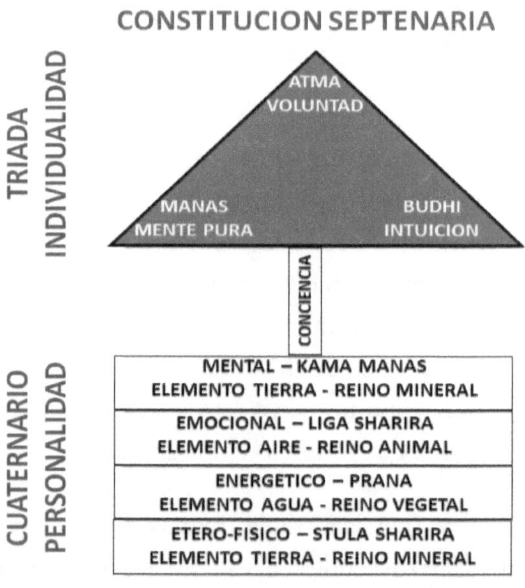

No se trata de una división física medible sino de cuerpos o motores que, por ser en siete nos muestra la importancia que tiene este número en nuestro entorno, ya que siete son los días de la semana, siete son las notas musicales, siete son los colores del arco iris… también siete son los cuerpos, vehículos, planos, niveles o formas de expresión que componen al hombre.

Etapas del Desarrollo del Ser

Teniendo en cuenta que el hombre es el ser que se encuentra en el nivel más elevado de acuerdo con las corrientes evolutivas de los reinos de la naturaleza y siendo la corona de los esfuerzos que ha realizado en su proceso por lograr los más superiores y elevados avances desde los reinos inferiores hasta los más desarrollados, nos damos cuenta de la necesidad de alcanzar estados más complejos y evolucionados.

Todo sigue un camino de mejoramiento en el que se establecen constantemente nuevas alternativas para un mayor y mejor ascenso en la escala evolutiva. El ser humano se halla en una espiral evolutiva y vive en constante crecimiento, por tal razón los planteamientos esotéricos y filosóficos se halla escalando y la nueva era de Acuario abre camino para el despertar del sexto sentido, pero se supone que habrá primero que perfeccionar los cinco que tenemos.

Los procesos evolutivos del hombre, la tierra y el cosmos están relacionados y su crecimiento no se efectúa de forma aislada de su entorno, por esta razón lo que le suceda a uno, afecta a los otros.

Así como la naturaleza tiene sus ciclos anuales representados con las estaciones (primavera, verano, otoño e invierno) igualmente el ser humano tiene sus ciclos de actualización en cada uno de sus cuerpos o vehículos en una forma ascendente y en espiral hallándose condicionado a un ciclo que va desde su nacimiento hasta su muerte, ciclo vital del cual muchos investigadores han tratado de ampliar por diversos medios científicos, pretendiendo no solo aumentar el límite que impone la vida, sino mantener la vida eterna y esto ocurre porque el hombre tiene la semilla de la inmortalidad inmersa en su seno.

De igual manera que hay estados progresivos en la vida humana: infancia, adolescencia, virilidad y decrepitud, El ser humano posee una diversidad de ciclos y ritmos permanentes como el tiempo de gestación que dura 40 semanas, el tiempo de desarrollo de los huesos que son 25 años, el tiempo de menstruación con cierta cantidad de ovulación, el ritmo cardiaco, respiratorio, además que cada órgano con su propio ciclo conforma la totalidad del ciclo vital.

Por esta razón nuestro organismo presenta una serie de alteraciones muy acentuadas a las que se ha dado una especial importancia ya que se han podido establecer periodos de transformación de ciclos de siete años, un ritmo muy particular que tiene nuestro organismo es el cambio total de la sangre en siete años, y aunque hay células que pueden durar dos días y otras por toda tu existencia, la mayor parte de células de nuestro cuerpo se renuevan en su totalidad cada siete años. Hecho que afecta en otras áreas en el desarrollo humano, son una serie de cambios biológicos, físico, energético, que implica un cambio psicológico y mental que el ser humano vive a lo largo de su ciclo de vida. La ciencia por medio de la psicología y la medicina calculan estos ciclos en etapas así:

- Fase prenatal o embarazo

- Primera Infancia (0-5 años)

- Infancia (6 - 11 años)

- Adolescencia (12 - 18 años)

- Juventud (14 - 26 años)

- Adultez (27- 59 años)

- Persona Mayor (60 años o más) envejecimiento y vejez.

Pero en la división septenaria tendremos una visión más comprensible y lógica. Estos ciclos tienen que ver con el desarrollo en relación con los cuerpos del cuaternario o personalidad visto anteriormente y teniendo en cuenta cada una de sus características de acuerdo con los elementos y los reinos de la naturaleza. Es aquí donde vemos que el ciclo de vida normal del ser humano es de 84 años y que al paso por cada una de estas etapas se está actualizando el cuerpo correspondiente a cada elemento, y cada uno con unas características especiales y en forma espiralada y ascendente.

TABLA DE CICLOS POR EDADES

CUERPO ACTIVO	1° Actualización EDAD	2° Actualización EDAD	3° Actualización EDAD
TIERRA FISICO	0 a 7	28 a 35	56 a 63
AGUA ENERGETICO	7 a 14	35 a 42	63 a 70
AIRE EMOCIONAL	14 a 21	42 a 49	70 a 77
FUEGO MENTAL	21 a 28	49 a 56	77 a 84

El primer ciclo De los 0 a 7 años, corresponde al cuerpo físico, elemento tierra y reino mineral, el cuerpo comienza su desarrollo siendo su prioridad la alimentación y el sueño, el desarrollo de sus órganos, es una etapa de pureza y receptividad de su entorno y las influencias exteriores. En el curso de la historia esta etapa ha despertado mayor interés por ser el ciclo de mayor transformación y más decisivo en la vida del ser humano, es una etapa de desarrollo principalmente de la parte física del ser, allí sabremos como será su contextura física, estatura. Este primer ciclo es una parte importante del desarrollo. La conciencia con todos los grados, se infunde en el cuerpo poco a poco hasta su pleno desarrollo como herencia biológica y legado cultural.

El segundo ciclo correspondiente entre 7 y 14 años, plenamente energético, relacionado con elemento Agua y con el reino vegetal, es la etapa en la que se activa la movilidad y la actividad física, los procesos intelectuales y la necesidad de aprender, es la construcción del ego consciente, cuando se manifiesta este proceso en cada persona se detectan cambios que conducen a una vida de una manera diferente, las personas de siete años cambian, aunque en años anteriores fueran pasivos o hiperactivos, es como si fueran otros. Por ser una etapa energética, necesitamos ayudar a los niños en esta etapa de mucha dispersión de fuerzas, es necesario ayudar a canalizar sus energías, es el momento adecuado para desarrollar habilidades en diversos campos.

En el tercer ciclo entre los 14 a los 21 años, se actualiza nuestro mundo emocional conectado con el elemento aire y con el reino animal sobre todo en el área afectiva y sentimental es la más reconocida y famosa adolescencia, es la etapa más dura que debemos pasar todos los seres humanos ya que este cuerpo es el más difícil de controlar y al que más atención debemos prestar, pues es allí donde cada emoción es sentida con un nivel elevado de sentimiento, de ahí su nombre, adolescencia, porque es allí y durante este periodo se vive las emociones más fuertes donde todo adolece y nos marca durante mucho tiempo. Es una etapa de auto orientación, de definir que se quiere y hacia dónde va, aprender quienes somos comparativamente con los demás. Las amistades, la cultura, la religión son cosas por definir. Nacen nueva condiciones de vida porque se transforma el organismo en la parte hormonal, desarrollo sexual de la persona se completa, el cuerpo y la voz cambian. Por todos estos cambios que sufrimos, debemos aprender a ser conscientes de esta etapa y vivirla plenamente, entendiendo que es imperativo fortalecer nuestro mundo emocional.

El cuarto ciclo de los 21 a los 28 años, es la actualización de nuestro cuerpo mental, el elemento fuego, el reino humano, su mente esta activa en busca de construir su propia familia, y organizar su vida, es el momento de adquirir control sobre su potencia vital, descubrirse a sí mismo parece ser la prioridad y se afianza, esta etapa es la de mayor vitalidad, es muy fácil adquirir triunfos.

Con esto termina la primera actualización de los cuatro cuerpos y considerado que ha entrado en una etapa de madurez, es el primer nivel de su forma espiralada que seguirá su actualización en el mismo orden y en los mismos ciclos de 7 años en cada cuerpo. El hombre está en plenitud de sus energías psico físicas y mentales, lanzándose al trabajo que le corresponde en esta vida y las condiciones están modeladas, está sano, fuerte y apto para ganar dinero, formar un hogar y engendrar hijos.

Quizás nos estemos identificando con estos ciclos y comprendiendo como cada elemento tiene una relación con cada reino de la naturaleza y como están influyendo sobre cada uno de estos cuerpos o vehículos del ser. Al iniciar esta nueva actualización veremos que es en un nivel diferente y a una edad diferente ya que para entonces será necesario otro tipo de herramientas.

En este quinto ciclo, entre los 28 y los 35 años, nuevamente actualizamos el cuerpo físico, en esta etapa es donde se tiene toda la capacidad para procrear ya que la potencia vital se encuentra en los niveles más altos, también es el momento para alcanzar el dominio de todas las energías interiores, en esta etapa está favorecida para lograr grandes ideales, adquisición material de cosas como casa, vehículo, creación de empresas, etc. Es una actualización de lo físico en otro nivel.

El sexto ciclo comprende entre los 35 y los 42 años, es la nueva actualización del cuerpo energético, se asumen responsabilidades por las decisiones del pasado, es la cristalización de la personalidad, lo que debe hacer en la vida, desarrollo de la conciencia adquirida en el primer nivel.

El séptimo ciclo es entre los 42 a los 49 años, tiene que ver con el cuerpo emocional, esta etapa de la vida, aunque reconocida como la depresión de los 40, sobre todo en el hombre, es una segunda adolescencia, la apariencia física empieza a deteriorarse, nace la necesidad de revisar lo hecho hasta ahora, evaluar resultados de todo por lo que se ha luchado y manejando de una manera consciente y dando importancia a las experiencias, dependiendo de la forma como haya luchado por alcanzar un alto nivel de conocimientos. La integración de la personalidad y el proceso de individualidad hace que analice las actitudes ante los demás y pretenda un nuevo comienzo en la vida. Hechos que pueden ayudar a percibir el verdadero sentido de la vida o a sumergirse en estados lamentables.

El octavo ciclo es entre los 49 y 56 años, corresponde nuevamente al cuerpo mental, es un periodo donde la persona debe actuar de una forma más consciente por haber recorrido un largo camino y de poseer una experiencia, es una etapa para concretar ideas filosóficas facilitándose la ejecución de prácticas místicas o espirituales, es un período para implementar limpiezas interiores dando especial atención a la imaginación y hace necesario cambiar la alimentación. Es un ciclo que por ser mental se piensa en el futuro y como viviremos los años de nuestra vejez.

Con esto termina la segunda actualización de los cuatro cuerpos o vehículos y podemos observar los cambios en relación con las características del primer ciclo y como en cada etapa de la vida nos encontramos con nuevas cosas para las que debemos atención y comprender que estamos aquí con una única idea de perfeccionarnos a medida que pasa la estadía en este mundo de la personalidad y que debe lograr una individualidad mejorada. Así como fue encarnando nuestra conciencia, en la misma forma comienza su proceso de desencarnación, empezamos nuestra etapa de vejez, sin duda como lo decía el Buda "el hombre comienza a morir desde cuando nace" es en esta etapa donde el proceso se hace evidente, siendo un hecho realmente maravilloso de la madre naturaleza, siendo la única forma que la conciencia puede elevarse.

Recordemos que la personalidad corresponde a este mundo, al mundo material. En la tercera actualización que por supuesto se transitará por los mismos cuatro cuerpos en un nivel aún más elevado que el anterior, nos lleva por un camino hacia la espiritualidad.

En el noveno ciclo desde los 56 a los 63 años, nos encontramos nuevamente actualizando nuestro cuerpo físico, el elemento tierra y por tercera vez la influencia de lo físico y material predomina, es el tiempo para resumir todo lo adquirido, incluso los conocimientos y las experiencia en el transcurso de la vida, es una etapa para desarrollar labores literarias y de escritura, enfocándose en una calidad de ser espiritual desarrollado a través de la personalidad.

Entramos ahora al décimo ciclo de los 63 a 70 años, etapa energética donde comienza una consciente preparación para la vida después de la muerte, inicia la senilidad, llega el momento de alejarse del mundo externo para profundizar en nuestra individualidad o mundo interior con su radiante sabiduría, intento de querer ser semilla para el futuro por todo lo que se ha logrado en la vida.

Llegamos al undécimo ciclo entre los 70 y 77 años, nuevamente el cuerpo emocional que durante sus actualizaciones fueron muy sentidas y esta etapa no es la excepción porque aparece el aburrimiento, la soledad, se siente inútil, ego consciente. Aparece un sentido de responsabilidad consigo mismo y un sentido de espiritualidad de sí mismo y de la humanidad.

Ahora llegamos al último ciclo de actualización. Entre los 77 a los 84 años, es una última actualización del cuerpo mental, mejora la relación espiritual, se prepara para un cambio transcendental, desintegración de la personalidad, entrando en un nuevo reino del destino o la inmortalidad.

Al inicio del universo y establecerse los ciclos del mismo universo, de la tierra y del hombre, Dios en su infinita sabiduría que sobrepasa, se apoyó en el número siete. Y utilizando cuatro elementos, los cuatro reinos y tres actualizaciones por cada uno, esto se reduce a doce ciclos de 7 años cada uno y como resultado nos da el ciclo de vida completo del ser humano que son 84 años. Esto quiere decir que después de terminar este ciclo no actualizamos absolutamente nada y si se vive más de este tiempo, simplemente está viviendo tiempo extra y aplazando el paso a la vida después de la vida, al regreso del paraíso de dónde venimos. Esta actualización en este mundo de dualidad es importante para el progreso del alma que se unirá al espíritu universal.

Complemento del Ser

Como es lógico, este mundo se ha hecho con la idea que el hombre viva una experiencia de dualidad y por supuesto que tendría que ser dual el mismo, y por esta razón fue dividido con el objetivo de que se conozca a sí mismo, cuando Dios creó al hombre lo vio perfecto, pero como lo perfecto ya está perfecto y no tendría absolutamente nada que mejorar y por ser único no tendría como compararse y no sería posible reconocerse, por lo tanto Dios vio que era necesario dividirlo y para explicar esto nos encontramos el mito donde dice que al hombre le fue sacada una costilla y de allí nace la mujer.

Era indispensable esta división natural en el hombre y dándole a cada uno sus roles. Es la única manera que tiene el hombre para reconocerse, de compararse, de identificarse como ser humano, es allí, en el paraíso al consumir el fruto prohibido que se produce el despertar de la conciencia y es donde nuestra mente despierta, es por esta razón que se ven desnudos, descubren la dualidad, el bien y el mal y por supuesto que era necesario enviarlos al mundo dual que fue creado para tal objetivo.

En la naturaleza existe una ley que tiende a ajustar los opuestos y produce una armonía. Los sexos se complementan porque son diferentes, pero con dignidad e igualdad. Nadie puede ser tan perfecto que no necesite de otro.

"Te necesito, me necesitas, te respeto, me respetas, es el lenguaje del amor".

Ser complementarios implica reconocer que somos diferentes y tenemos necesidades, prioridades obstáculos, además de diferentes aspiraciones contribuyendo de manera diferente al desarrollo, ser complemento implica que cada uno concentre su intervención en los ámbitos en los que más valor añadido pueda aportar, en relación con lo que hace el otro.

Siendo un gravísimo error de la humanidad por hacer diferencias, crear distinciones establece funciones del hombre y la mujer dentro del hogar, "El padre es quien manda en la familia con amor y rectitud, es quien debe proveer las cosas necesarias del hogar y dar protección, la madre es principalmente responsable del cuidado de sus hijos" y como consecuencia de este pensamiento nace el machismo del que se aprovecha para doblegar a la mujer a su antojo maltratándola y haciendo de ella una esclava que debe atenderlo por ser el hombre quien manda y por supuesto como todo en la vida se crea el feminismo como una manera de protesta que la mujer hace por ser libre de esos maltratos y de esa esclavitud exigiendo la igualdad.

Los seres humanos somos iguales pero distintos por ser complementarios, sobre todo en nuestras cualidades, porque nos necesitamos mutuamente.

"Todo hombre tiene algo de femenino y cada mujer tiene algo de masculino"

Para analizar un poco más y desde el punto de vista del cuaternario que ya vimos anteriormente, como es que los seres humanos nos complementamos. Empecemos con el cuerpo físico relacionado con el elemento tierra, vemos que el hombre en la parte física es positivo porque físicamente el hombre es más fuerte, su contextura física muscular tiene esa cualidad, el cuerpo o vehículo es positivo o masculino, mientras la mujer no es así, su contextura hace que sea delicada y aunque vemos mujeres actualmente que van al gimnasio y levantan pesas logrando tener musculatura, su fuerza difícilmente superará a la del hombre y esto es porque en el cuerpo o vehículo físico por su naturaleza es negativa, quiere decir femenina.

En la parte energética relacionada con el elemento agua, la mujer es positiva, ella tiene mucha más energía para hacer muchas labores a la vez, conserva su energía para las labores repetitivas, es tan suficiente su energía que puede mantener a un ser en su cuerpo y repartir su energía en los dos o tres y sobre todo es capaz de soportar un parto, su capacidad energética es la que sostiene unida a una familia, cuando son madres son las primeras en levantarse y la última en acostarse, ella desarrolla su energía positiva y genera unidad a diferencia del hombre que, energéticamente es negativo, por lo general su energía para ejecutar acciones sobre todo repetitivas es insuficiente, tiene más fuerza, pero tiene poca energía.

Aquí ya podemos notar como dos personas de diferente sexo se complementan, en cuanto a la parte física el hombre positivo y la mujer negativo, pero energéticamente la mujer positiva y el hombre negativo, uno se complementa con el otro, uno ayuda al otro con su parte positiva y juntos hacemos la unidad.

En cuanto al cuerpo emocional que se relaciona con el elemento aire, el hombre es positivo, las emociones no le afectan en la misma forma como le sucede a la mujer, aunque vive las emociones de una manera diferente controla y restringe cuando tiene que hacerlo, pero eso es algo que nace naturalmente y la sociedad refuerza esa forma con solo implantar la idea de "Los hombres no deben de llorar" y es aquí donde el hombre se aprovecha de la forma en que la mujer las vive, por ser así, es que en la actualidad se está suprimiendo la parte femenina incluso en las mujeres, ellas por tener su cuerpo emocional negativo son mucho más sensibles viviendo de una manera más intensa cualquier emoción, viviendo con miedo en algunas situaciones y con mucho amor para todas las personas que le rodean creando unidad y bienestar para todos.

En la parte mental, es la mujer quien por ser positiva tiene una manera más profunda y le dedica más tiempo a pensar en todo, de ahí que las decisiones que una mujer toma, pocas veces se retractan, ella ya las ha pensado desde diferente puntos de vista. A diferencia del hombre que casi siempre toma decisiones de una manera más rápida asumiendo riesgos que una mujer no tomaría.

Para ubicarnos con el tema lo vemos en el siguiente cuadro.

De acuerdo con estas razones de ser complementarios el hombre y la mujer, debemos entender que se trata de la unidad, que nadie es más que nadie y que cada uno tiene herramientas para aportar a esa unidad y como unidad poder unirnos con la naturaleza y desde luego con el

ELEMENTO	CUERPO	HOMBRE	MUJER
FUEGO	MENTAL	- NEGATIVO	+ POSITIVO
AIRE	EMOCIONAL	+ POSITIVO	- NEGATIVO
AGUA	ENERGÉTICO	- NEGATIVO	+ POSITIVO
TIERRA	FÍSICO	+ POSITIVO	- NEGATIVO

universo.

"Yo hago lo que tú no puedes,
y tú haces lo que yo no puedo.
Juntos podemos hacer
grandes cosas"

Madre Teresa De Calcuta.

TERCERA PARTE
LAS LEYES QUE NOS RIGEN

Nuestras Leyes

El concepto de ley no existiría si el hombre no fuera un ser de comunidad, desde los comienzos fue necesario establecer leyes para vivir en la mejor forma esta experiencia, claramente fue una manera de establecer un orden y hacer que la convivencia entre las personas fuera ordenada, creando unos deberes y derechos comunes e intentando evitar comportamientos indeseados entre los hombres.

Sabemos que, desde las culturas más antiguas como los egipcios, tenían desde miles de años antes de cristo un código civil escrito en su lenguaje de jeroglíficos basados en la facultad de Maat, Diosa de la Justicia del orden y por supuesto la patrona de los jueces, haciendo reinar la justicia para mantener el orden y el país fuese próspero. Con esta idea nacen los estatutos de la ley dictados por los dioses, cuyo supremo interprete y juez era el faraón que actuaba como tal solo en casos especiales de traición. El papel de juez supremo fue delegado al Chaty (Sacerdote de la diosa Maat) quien delegaba en los magistrados locales a quienes los escribas le colaboraban. En el antiguo Egipto el orden, la justicia, la ciencia y religión, la economía y la sociedad y todo lo que afectara al hombre, tenía la finalidad de permitir una vida de felicidad con salud y abundancia.

En la época de hambruna la población de Canaán emigró a Egipto en busca de alimento porque allí eran abundantes la cosechas y durante mucho tiempo estuvieron en Egipto en condición de esclavos hasta cuando emprendieron el éxodo con la guía de Moisés hacia la tierra prometida, es allí donde aparecen los diez mandamientos, las leyes divinas que son una guía para la vida y que fueron entregadas a Moisés en unas tablillas y que aún son la base de la ley en las religiones que giran en torno a la biblia. La justicia es la ley responsable de las consecuencias de toda acción, debido a esta ley se recibe castigo por todo pecado cometido y bendiciones al obedecer los mandamientos de Dios.

Sin embargo, se conoce como el primer código de leyes el del imperio de babilonia en la región de la Mesopotamia, el "Código de Hammurabi" que fue realizado por el rey sumerio Ur-Nammu conocido como rey Hammurabi este código fue escrito con caracteres cuneiformes en una piedra de diorita, encontrada en 1901. Esta piedra se encuentra actualmente expuesta en un museo en parís. Este código contiene 282 leyes escritas en arcadio, el idioma común en Babilonia con el objetivo que fuera leído por cualquier persona. Su estructura estipula que para cada transgresión de la ley hay un castigo que podemos denominar como muy duro comparados con los estándares actuales, pues se aplica la ley del talión, "ojo por ojo y diente por diente" la pena de muerte y la desfiguración. También es un código donde por primera vez aparece la presunción de inocencia, pues el acusado tiene la posibilidad de aportar pruebas.

Los hombres de la región fueron muy legalistas en cuanto

a su organización, su religión, la creación del universo, siendo muy prácticos para aconsejar sobre el comportamiento moral en esta vida y la otra. Estas leyes, según la historia fueron entregadas al rey Hammurabi por los dioses Shamash o Marduk en unas tablillas con lo que se establecen ciertos paralelismos entre este código babilónico y las leyes entregadas a Moisés para los antiguos judíos, aunque es diferente la forma de entrega.

En la famosa cuna de la democracia en la antigua Grecia, la ley estaba compuesta por dos categorías principales: por la ley divina, y las leyes civiles (costumbres y derechos humanos) que eran interpretados por los sacerdotes y los gobernantes que eran Filósofos y militares, y la clase popular. Estas leyes influenciaron la ciencia, la cultura, el derecho, la religión y la filosofía. Tienen su origen en la moral y la ética siendo los más influyentes los filósofos Sócrates, Platón y Aristóteles, estas leyes también se regularon de acuerdo con las creencias religiosas de la época y a diferencia de lo actual se aplicaban con el principio del bienestar de la comunidad como un todo que está por encima del bienestar individual y no tenían el objetivo de castigar por sus acciones. Estas leyes también tenían algunos derechos para los ciudadanos que incluían el derecho a un juicio justo, a la libertad de expresión, el derecho a la educación y a la propiedad.

Es bien sabido que los romanos tomaron muchas de las costumbres y aspectos religiosos de Grecia para desarrollar su propio sistema legislativo común a todos sus habitantes, sistema que desde la antigua Roma y durante 12 siglos mantuvo el imperio de pie y que es reconocido aun en la actualidad como "El Derecho Romano" las normas de la antigua Roma estuvieron vigentes hasta el siglo XV con la caída del imperio Bizantino, pero se han mantenido sus fundamentos a lo largo de los siglos y han servido como base para el desarrollo legislativo en gran parte de Europa y de toda Latinoamérica donde su principal objetivo es hacer que cualquier ciudadano en cualquier circunstancia legal sea igual sin ninguna distinción de credo, raza, género o condición social aun quedando un largo camino para lograr que realmente las leyes sean para todos iguales en cualquier lugar del mundo.Pero la naturaleza y el universo tienen sus propias leyes y es indispensable conocerlas ya que pueden ser las mejores compañeras que tengamos para aprovechar nuestras herramientas y para entender de una manera más lógica nuestro entorno en relación con la humanidad.

Existe un símbolo para la justicia muy conocido y es una mujer con los ojos cubiertos y que porta en la mano derecha una balanza que representa la igualdad con que debe ser tratado todo ser. En la mano izquierda porta una espada desenvainada que simboliza los cuerpos y fuerzas de seguridad del estado con los que la justicia se sirve para imponer sus decisiones.

Ley Del Karma

En la antigua India ya se conocían las leyes universales de Dharma y Karma, aquellas leyes que fueron enseñadas a los que se ocuparon por determinar el porqué de los fenómenos físicos, psicológicos y mentales. Vemos girar a nuestro alrededor un mundo que nos maravilla, perfectamente ordenado que podemos captar gracias a una inteligencia psico-mental equivalente que nos demuestra una armonía perfecta entre lo que vemos y lo que no es invisible. En nuestra percepción de estas leyes naturales lo que más nos hace falta es tener "sentido Común" aquello que de natural hay en nosotros y de todos nuestros complejos y creencias prejuiciosas.

Veamos un ejemplo: Entramos en una casa y vemos un mobiliario bien organizado y limpio, el ambiente caliente por una chimenea con fuego, la cocina encendida con alimentos, unos libros en el piso alrededor de una silla mecedora y una taza de café sobre una mesa pequeña, pero, no vemos a ninguna persona, ¿Pensaríamos que todo esto es producto de golpes de viento, o que todo esto es resultado del azar? O pensaríamos lógicamente que esto sirve a una inteligencia a una o varias personas. Igualmente sucede cuando vemos el universo material, organizado, donde la partícula más pequeña está en coordinación de la mejor manera para las partes como para del conjunto completo, donde todo está perfectamente coordinado y aspirando a formas de vida más elevadas, pero, pretendemos que todo es una casualidad, que todo se ha formado por cosas del azar y que este universo no tiene ninguna finalidad, que es improvisado totalmente, así que evidentemente debe existir una "inteligencia Cósmica" existe un plan de acción que se corresponde con una ley universal, El **Dharma o ley** a la que está sometido el universo en todas sus dimensiones concebibles, es una potencia superinteligente de la naturaleza, esta ley es llamada "sentido de vida" es la dirección de la evolución y detrás de cada acción o fenómeno está el dharma como causa y fin de todo. Muchas clasificaciones de Dharma se pueden hacer teniendo en cuenta que las moléculas, los átomos y hasta las galaxias están regidas por leyes.

Cuando se habla de Dharma colectivo se refiere a aquellas leyes que rigen a la humanidad en conjunto o a grandes grupos de personas, países, provincias o familias. El Dharma individual se refiere a la ley que rige las acciones del yo o del ego, de aquello que perdura a través de la encarnación, es la ley moral que impera en el fondo de nuestras conciencias, es aquello que es eterno en nosotros. Mientras el Dharma personal actúa sobre los hechos de la vida diaria, abarca pequeños espacios de ciclos cortos y rápidos, imperando sobre pequeñeces de los días humanos. Con esta clasificación es suficiente para entender que hay unas leyes que, si actuaran con eficacia y que de ninguna manera se pudiesen transgredir, no habría ningún suceso, nada sucedería en este mundo, no habría manera de explicar los accidentes cósmicos y el dolor para los hombres. Pero esta ley no sería posible entenderla sin entender cómo funciona el Karma que significa acción. Es **la ley de acción y reacción**, o sea, que toda acción tiene una reacción y toda reacción tiene una acción que la ha causado. Una acción puede encontrarse dentro de la ley o Dharma y no engendraría ningún resultado, pero, si está por fuera de la ley o Dharma provocará dolor y sufrimiento empujando al actor a evitarlo y volverlo a los rieles de la ley.

El karma es una ley natural al igual como el mundo material tiene sus leyes, para lo cual es indispensable tener muy claro que toda acción tiene consecuencias y que todo efecto está relacionado directamente con su causa, el karma es acondicionamiento, algo de este momento afectará en el futuro sin tener en cuenta el tiempo, lo que mueves de una manera consciente es una "realidad determinada" es el resultado de lo programado, es una reacción a las acciones realizadas. El pre-determinismo es el destino es algo ya definido mientras el auto determinismo es el libre albedrío son las decisiones tomadas es "puedo hacer lo que quiera" la mayor parte de la vida kármica es neutral, andamos en piloto automático, dejamos que nuestro karma tome las riendas de nuestra vida y permitimos que él nos defina, pero debemos ser responsables por nosotros mismos y crear karma, hay que crear cambios, diferentes causas ayuda a dar valor a nuestra conducta.

Básicamente hay tres clases de karma. El colectivo se refiere a un nivel cósmico donde los grandes desastres se corresponden con la transgresión de la ley a ese mismo nivel. El karma individual afecta a las acciones del yo, todas las acciones buenas o malas hechas por el individuo tienen efecto únicamente en la individualidad. Mientras el karma personal se presenta con las pequeñas acciones que día a día tenemos de forma automática o habitual dando resultados o reacciones pequeñas y habituales es por esto, por lo que el hombre es producto de sí mismo porque sus acciones del pasado condicionan su presente.

Al no tener conocimiento sobre el funcionamiento de esta ley se crea la idea que el futuro está definido y, por lo tanto, es inútil toda acción que debamos tomar para ser mejores y más útiles para la humanidad, pero si eso fuera así, si todo ya estuviera definido, no sería posible seguir creando karma por lo que podemos contar con el libre albedrío, si el destino es el lugar de llegada, entonces tenemos el libre albedrío para elegir el camino, pero ese camino se hace actuando, creando karma, dando movimiento a esa rueda que lo mueve todo, por otra parte, si no fuese el dolor un aviso de que algo ha trasgredido la ley ¿Qué razón tendría el dolor?... esto pasa con todo tipo de sufrimiento, es un aviso para corregir nuestra vida y para eso es que tenemos nuestro libre albedrío. Al Comprenderlo y actuando de una manera correcta asimilamos su enseñanza apartándonos del mal karma y creando cada vez más karma positivo y así liberarse de los resultados de la acción.

Pero no podemos dejar el tema sin antes entrar a conocer algo de la **encarnación** ya que es parte importante para darle sentido al karma individual creado, que continúa y que debe ser reparado.

La reencarnación no es una creencia, sino, un recuerdo de la humanidad que viene desde nuestros ancestros siendo una evidencia de sentido común en todos los pueblos de la antigüedad a quienes los padres le enseñaban a sus hijos y luego los maestros lo reafirmaban en sus enseñanzas a todo el pueblo, pero, en el transcurso de la historia estos conocimientos que por la ley de los ciclos naturales se perdió y las rutinas de la vida diaria fueron ahogando, conservándose en centros iniciáticos orientales desde donde se vierte nuevamente al mundo a través de sus discípulos occidentales. En oriente estos conocimientos se fueron transformando en creencias y supersticiones mientras en occidente se olvidó por completo y los sacerdotes de las religiones hebreo-cristianas se vieron forzados a prometer premios inmerecidos y absurdos castigos a sus fieles.

Él en su perfeccionamiento necesita una cantidad de experiencias y por eso se encuentra en una corriente de vida de dualidad donde la existencia física es un extremo con sentido de vida y el metafísico es el otro extremo al que no conocemos, son los polos de vida dual, por lo que la muerte, no existe, es una ilusión, es como aquella cuerda que al entrar en el agua no la vemos, desaparece en la superficie, pero, si estamos del otro extremo no podemos ver cuándo del agua sale existiendo tal cuerda tanto adentro como afuera siendo todo una ilusión óptica al igual de lo que llamamos vida y muerte.

Principios Universales

Si el universo es un rio, El Rio De La Vida, las leyes naturales son las normas con las que debemos navegar, la ley es aquella norma que ocurre de manera que no se puede alterar independientemente de si somos conscientes de esto o no. Algunas corrientes esotéricas exponen que existen unas leyes metafísicas que no se les está dando la importancia que tienen. Estas son las 7 **Leyes Universales** de las que nos habla El Kibalión, documento que resume las enseñanzas de Hermes Trismegisto el padre de la sabiduría o como lo llamaron los egipcios El Dios Thot. Del nombre Hermes procede el nombre de hermético en el sentido de reservado, secreto. Este documento fue escrito por los autodenominados los 3 iniciados y sale al público con el objetivo de dar a conocer la sabiduría antigua y que realmente nos pone en el camino para comprender la corriente de vida que nos rige. La palabra Kibalión traduce Contenedor, en este caso contenedor de sabiduría, y nos habla de la transmutación mental, que se trata de cambiar los pensamientos de baja naturaleza por pensamientos más elevados, es la ley del superior que domina el inferior, basada en el dominio de la mente más que en el dominio de la materia y en transmutar las vibraciones mentales en otras.

La falta de información hace que cometamos errores rompiendo estas leyes que obviamente se transforman en dificultades y al no saber cómo superar los obstáculos es como si al estrellarnos contra una pared siguiéramos intentándolo sin saber que podemos dar la vuelta o pasando por encima, o simplemente pasando por la puerta. Cuando se sabe cómo superar el obstáculo es porque se tiene el conocimiento. Es por esto que se dice que "el conocimiento es poder" los problemas se presentan por la transgresión de una de las leyes del universo que operan aun estando consciente o no de ellas, el surgimiento de un problema es señal de que es hora de estudiar y aprender.

Con el estudio de estas leyes encontraremos muchas respuestas a los principales interrogantes de nuestra vida.

¿Por qué atraemos personas con ciertas características similares a tu vida? ¿Como es que el dinero persigue a las personas que tienen mucho y no a las que no lo tienen? Los problemas afectivos ¿por qué se nos presentan y como superarlos? ¿Por qué algunas personas viven solucionando problemas y parecen nunca terminar?

Al comprender estas leyes podrás diseñar el mundo que soñaste, el éxito es tu decisión y lo podrás crear dejando tu zona de confort y probando nuevos conocimientos. Todo depende de ti.

Actualmente escuchamos en todos los medios que nuestra mente es la que controla todo y para lo cual han aparecido una gran cantidad de emprendedores aprovechando el poco conocimiento que tienen las personas de estas leyes y dando unos parámetros que si bien en determinado momento puede ser útil, por lo general es muy poca información de lo que realmente pueda ser el conocimiento de esta ley, ya que solo se refieren al poder que tiene, pero, no se indica la forma en que funciona, no hay realmente una guía para utilizar este poder y comprenderlo perfectamente.

Por tal razón es indispensable estudiar cada una de estas leyes a profundidad. El interés de este libro no es enseñarlo, sino, exponerlo con único objetivo que nuestro lector tome consciencia y dedique tiempo para estudiar y comprender. Es por esta razón que el Kybalion dice así:

«Los labios de la sabiduría permanecen cerrados, excepto para el oído capaz de comprender.»

«Dónde quiera que estén las huellas del Maestro, allí los oídos del que está pronto para recibir sus enseñanzas se abren de par en par.»

«Cuando el oído es capaz de oír, entonces vienen los labios que han de llenarlos con sabiduría.»

«Los principios de la verdad son siete: el que comprende esto perfectamente, posee la clave mágica ante la cual todas las puertas del Templo se abrirán de par en par.»

El Kybalion.

1. El principio de mentalismo

«El TODO es Mente; el universo es mental.»

2. El principio de correspondencia

«Como es arriba, es abajo; como es abajo, es arriba.»

3. El principio de vibración

«Nada está inmóvil; todo se mueve; todo vibra.»

4. El principio de polaridad

«Todo es doble, todo tiene dos polos; todo, su par de opuestos: los semejantes y los antagónicos son lo mismo; los opuestos son idénticos en naturaleza, pero diferentes en grado; los extremos se tocan; todas las verdades son medias verdades, todas las paradojas pueden reconciliarse.»

5. El principio de ritmo

«Todo fluye y refluye; todo tiene sus períodos de avance y retroceso, todo asciende y desciende; todo se mueve como un péndulo; la medida de su movimiento hacia la derecha es la misma que la de su movimiento hacia la izquierda; el ritmo es la compensación.»

6. El principio de causa y efecto

«Toda causa tiene su efecto; todo efecto tiene su causa;

todo sucede de acuerdo a la ley; la suerte no es más que el nombre que se le da a la ley no reconocida; hay muchos planos de casualidad, pero nada escapa a la Ley.»

7. El principio de generación

«La generación existe por doquier; todo tiene su principio masculino y femenino; la generación se manifiesta en todos los planos.»

El Kybalion

Leyes Matemáticas

Desde Pitágoras (matemático y filosofo), los artistas como Da Vinci, músicos como Mozart han hablado y utilizado durante mucho tiempo el poder de los números, científicos como Galileo Galilei quien dijo: "Las matemáticas son el lenguaje con el que Dios ha escrito el universo". La vida y el universo tiene una estructura fundamental donde existen formas y patrones geométricos que rige todo nuestro universo visible e invisible en el que se utiliza el lenguaje de los números, mostrándonos los patrones universales en toda nuestra realidad con leyes geométricas y razones matemáticas, siendo esta una ciencia "formal y exacta" basada en los principios de la lógica estudiando las propiedades y las relaciones que se establecen entre los números, las figuras geométricas y los símbolos, entre otros. Siendo la física una ciencia principalmente natural que estudia la materia, la energía, el tiempo y el espacio, estudia el universo describiendo la mecánica con que opera y define sus leyes fundamentales por el método científico experimental; dentro de su campo de acción están la biología, la química, la astronomía y muchas otras ciencias.

La "Geometría Sagrada" Era conocida además de Egipto en otras culturas antiguas como Babilonia, el Tíbet y griegos. Se refiere a las formas geométricas, hace referencia a lo divino y a los patrones perfectos universales que forman las plantillas para la vida en el universo, estos patrones naturales del movimiento y del crecimiento están presentes en todas las cosas, nos abren el camino para tener conciencia de que todo está conectado y funcionando dentro de las mismas leyes y con la sabiduría del universo, nos muestra cómo es que la secuencia de Fibonacci, el numero Phi (Número Áureo), los sólidos platónicos que se cree son los que forman la base del diseño del universo incluso a nivel molecular y que también está presente en la naturaleza entretejiendo el sentido oculto de las cosas, dando movimiento y actuando en una hermosa sinfonía con el lenguaje oculto de las almas.

Las formas observadas en la naturaleza responden a patrones geométricos, vemos como la espiral es representada en la naturaleza con los caracoles, el girasol, un huracán o una galaxia, las abejas en su construcción de celdas hexagonales perfectas, la forma del cuerpo humano, las construcciones antiguas y medioevales, hasta la Gran Pirámide de Giza tienen proporción en sus medidas y además también existen unas figuras simbólicas básicas y patrones a los que se les da un valor especial, que en geometría plana son el triángulo, el cuadrado y el circulo, encontramos la espiral que resulta del número Phi (número áureo) y los 5 solidos Platónicos (Tetraedro, exaedro, octaedro, dodecaedro y el icosaedro). Pero… ¿qué sentido espiritual hay entre estos patrones matemáticos y estas figuras geométricas? Analizaremos algunos patrones que nos pueden ayudar a entender el lenguaje del universo.

El triángulo es un polígono de tres lados que en geometría plana se llama trígono, está vinculado directamente con el número tres, en su sentido esotérico es la base de todos los símbolos, es la armonía, representa el equilibrio debido a sus tres lados, es poder y crecimiento, debido a su altísima significación religiosa es el símbolo cristiano de la santísima trinidad (Padre, Hijo y Espíritu Santo) es la divinidad, nos conecta con una consciencia superior, es el regreso a la unidad después de superar la dualidad surgida de la separación y puesto que dos de sus lados convergen hacia el centro, el triángulo significa movimiento hacia el lado que apunta el ángulo.

El cuadrado es una figura geométrica perteneciente a los paralelogramos porque sus cuatro lados son paralelos dos a dos, es un cuadrilátero regular, una figura plana de cuatro lados y cuatro ángulos iguales. En su sentido simbólico es la tétrada, numero del cuadrado, es el mundo manifestado, sus formas rectas inspiran seguridad y orden, es el símbolo del mundo estabilizado, estructurado y perfeccionado, la base firme, es la solidez, confiable y seguro, es el más perfecto de los números, es la cifra de la inteligencia y el de las letras del divino AllH (Alá), los cuatro evangelios, los elementos de la naturaleza, las fases de la luna, las estaciones del planeta, los puntos cardinales y el regreso a la unidad si tomamos los números anteriores y los sumamos $(1+2+3+4)=10$ y 10 es $1+0=1$.

El circulo es una figura geométrica plana limitada por una circunferencia, línea curva cerrada siendo este su perímetro donde todos sus puntos están a la misma distancia de su centro a lo que llamamos radio, y la distancia de extremo a extremo pasando por su centro el diámetro de esta. En su sentido simbólico es la eternidad, la perfección y la plenitud, es el ciclo de vida y de cambio, sin fin, representan la comunidad, la unidad, la tolerancia y el límite. En general es la representación de la feminidad y su apariencia es amigable, se utilizan para representar el movimiento constante ya que no tiene punto de inicio ni final, y por supuesto que con el circulo se representa lo sagrado y el primer pensamiento de Dios.

El Numero Pi (π) 3,141592… Es una constante que relaciona el perímetro de la circunferencia con su diámetro, ($\pi =L/D$) es una de las más importantes cifras utilizadas en las matemáticas, la física y en la ingeniería, es un numero irracional que tiene infinitas cifras decimales, se cree que su origen es desde tiempos de los babilonios y de civilizaciones antiguas (unos 2.000 años a.c.) que al utilizar la rueda, en algún momento de la historia se dieron cuenta que esa cifra de "tres y algo más" era importante para calcular longitud, área y volumen de todos los cuerpos redondos. Arquímedes (matemático-filósofo) es quien más se aproximó en su época al valor de numero Pi. Su existencia no solo fue importante para las civilizaciones antiguas, sino que en la actualidad es de vital importancia para la humanidad el cual seguirá siendo como base de muchas innovaciones. Su utilidad para el conocimiento y el desarrollo tecnológico hace de Pi el número más conocido y también el más enigmático. Los matemáticos lo consideran como un numero trascendental, pero para las culturas antiguas es más que eso, Pi es el que da origen a las medidas, es el símbolo de la energía creadora, sostenedora y destructora que rige la naturaleza, es la esencia de nuestro universo dinámico, es el símbolo de lo limitado e ilimitado, entre lo duradero y lo efímero, lo conocido y lo desconocido, lo que es de aquí y lo que es de allá. Es la expresión de la dualidad.

La espiral conocida en matemática como espiral logarítmica o espiral de crecimiento, por el hecho de que la distancia va creciendo entre sus brazos en progresión geométrica, es un tipo de espiral que aparece con mucha frecuencia en la naturaleza simbolizando el ascenso de la consciencia en el camino de la evolución del alma, su movimiento ascendente en espiral como se mueve la energía que conecta el yo del cuerpo con el yo superior al igual que la doble hélice del ADN de las células, los brazos de la galaxias al igual que las tormentas tropicales y los huracanes forman espirales logarítmicas. En la biología las estructuras espiraladas son muy frecuentes, pero, los más fáciles de observar son las conchas de los moluscos, en los girasoles encontramos repetidas espirales, el vuelo descendiente del Halcón hacia su presa, la tela de las arañas, el insecto se aproxima a la luz en una espiral logarítmica. Vemos como está en la naturaleza la espiral que resulta de la división armónica de un cuadrado en un punto de donde el rectángulo que resulta se divide dejando el cuadrado perfecto, siendo este en proporción idéntica al inicial, resultando el rectángulo áureo de donde se proyecta la espiral logarítmica aurea.

La Proporción Aurea Se trata de un número algebraico irracional que en matemática es conocido como numero phi representado con la letra griega φ phi, el cual resulta de la división de una línea en un punto donde su parte más pequeña(b) es ala más larga(a) en proporción idéntica a la línea inicial (a+b) el numero resultante de esta división es φ phi= 1,618033…. Y sus decimales son infinitos, encontrándose en algunas figuras geométricas y en la naturaleza.

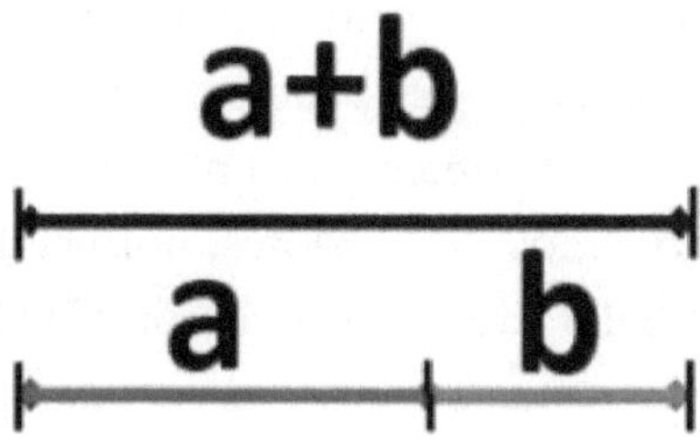

Esta proporción es símbolo de belleza y perfección por esta razón es conocido como el número sagrado o número de Dios. Fue conocida en las más antiguas culturas sin ninguna relación entre sí y en épocas totalmente diferentes: Mayas, Roma y Japón para dar un ejemplo.

Leonardo Da Vinci era conocedor de esta proporción utilizándola en el arte, todas sus obras son fiel representante de esta proporción. A lo largo de la historia se ha utilizado en el diseño arquitectónico y la construcción de diversas obras como el Partenón en Atenas, la catedral de Notre Dame en Paris, la pirámide de Giza en el antiguo Egipto.

En el cuerpo humano aparece esta proporción casi en todas sus medidas, es aproximada la proporción entre la altura de la persona y la altura en la que se encuentra el ombligo, de igual manera sucede con nuestras extremidades, la rodilla divide en proporción la medida de la pierna y el codo divide en el brazo también en esta proporción.

En la búsqueda por encontrar la razón de la belleza, el hombre ha investigado y lo más concluyente son en general la proporción, que encontramos en todo lo que nos parece bello, al contemplar un cuerpo hermoso, un rostro o si hablamos de las flores, normalmente vemos que lo que es bello para unos, es igualmente bello para la mayoría a estas características; es lo que apreciamos y definimos como belleza.

¿Por qué estas proporciones nos atraen tanto? ¿la proporción áurea está relacionada con lo más profundo de nuestra conciencia? ¿Es realmente el lenguaje del alma?

Los Sólidos Platónicos o poliedros regulares son un cuerpo geométrico en el que sus caras son polígonos iguales y todos sus ángulos son también iguales entre sí. Estos poliedros son 5 y reciben el nombre de solidos platónicos en honor al gran filosofo Platón, a quien se le atribuye haberlos estudiado y por sus características los asoció con un elemento de la naturaleza a cada uno de ellos, y el quinto elemento (Éter) fue asociado al dodecaedro, asociado al origen molecular pues, muchos de los elementos cristalinos en su estructura atómica tienen la forma de este poliedro (Dodecaedro).

En el diálogo de Platón "El Timeo" dice «El fuego está formado por tetraedros; el aire, de octaedros; el agua, de icosaedros; la tierra de cubos; y como aún es posible una quinta forma, Dios ha utilizado esta, el dodecaedro pentagonal, para que sirva de límite al mundo» A estos poliedros se han atribuido diferentes características no solo físicas u objetivas sino esotéricas o subjetivas, para lo cual los analizaremos muy someramente con el objetivo de conocer un poco más sobre este tema.

El **Tetraedro** consta de 4 triángulos iguales semejante a una pirámide, con solo 3 caras y su base de igual forma corresponde al elemento fuego, que esotéricamente es la mente, portador de la sabiduría, es la conexión con lo superior.

El **Hexaedro o Cubo** consta de 6 cuadros iguales, corresponde al elemento tierra, portador de la vida y de la naturaleza, dando la posibilidad a la existencia en el plano físico.

El **Octaedro** consta de 8 triángulos iguales, corresponde al elemento aire, es la integración de la materia con la sabiduría, da la posibilidad de existencia en el plano emocional, es el amor y la compasión, es la perfección de la materia por medio del espíritu y de la sabiduría.

El **Dodecaedro** consta de 12 pentágonos exactamente iguales, es correspondiente al elemento Éter, es la estructura del universo, el poder de la creación y la forma.

El **Icosaedro** consta de 20 triángulos iguales, corresponde al elemento agua, es el mundo energético, es la semilla de la vida, es prana, el transformador.

Se cree que todo lo que nos rodea está formado por estos solidos platónicos, para muchos son los que generan la energía que fluye y crea el universo, es una manera de representar al hombre y la naturaleza como unidad, son la esencia de la vida, para las comunidades esotéricas, ocultistas y religiosas como la cristiana las utilizan con el objetivo de comprender el funcionamiento del universo como unidad, representando la divinidad de todo lo que nos rodea.

CONCLUSIÓN

LA CORRIENTE DE VIDA QUE NOS MUEVE es como el rio que tiene un sentido, un objetivo y un destino, pero, a la vez tiene su libre albedrío de escoger su recorrido, cargando con una serie de elementos que hacen parte de él, piedras, plantas, animales, mucha vida, a la vez con basura y desechos que le hacen daño… así mismo es la corriente de vida que llevamos los seres humanos, así como tenemos un destino, tenemos el libre albedrío de hacer nuestro recorrido como cada uno lo decida. Si hacemos este recorrido en la comodidad de una valsa la pasaremos muy bien disfrutando del paisaje y de todo lo que nos brinda el rio, será un viaje como el que hacemos cuando estamos de turistas, sin embargo, tenemos toda la oportunidad de aprender a pescar, a recolectar las cosas buenas o malas que nos pueda traer ese recorrido, y poder llegar a nuestro destino con una carga buena o mala según lo que en el camino se recogió. Si decidimos viajar nadando y no tenemos la comodidad de la valsa, igualmente podremos disfruta de los alimentos y recolectar lo que seamos capaces de llevar, es como si fuéramos en la valsa que podemos pasar esta experiencia, pero, tenemos el riesgo de cargar con cosas buenas o basura y ahogarnos en el camino por efectos de su carga terminando con lo bello que pueda tener, no solo el rio, sino, el paisaje. Si decidimos nadar contra la corriente, seguramente solo tendremos tiempo para sobrevivir, quizás ni siquiera sea posible alimentarse y por supuesto, no podrá disfrutar del paisaje porque está ocupado tratando de superar la corriente en contra, pero, aun tenemos la opción de dejarnos llevar por esa corriente sin darnos cuenta para donde vamos, sin hacer ningún esfuerzo por ninguna razón, viviendo en este mundo dejando pasar el tiempo "sin ton ni son" y desaprovechando las bondades que nos ofrece la vida haciendo un viaje totalmente desinteresado sin objetivo y dejando que la vida lo lleve por el mundo. Durante este recorrido, siempre estamos tomando decisiones sobre todas las dualidades con las que nos encontramos; y es nuestra decisión si nos cargamos con toda la basura que encontremos en esta corriente o por el contrario aprovechamos lo bonito que tiene este recorrido y viajando de una manera muy liviana sin cargas que nos afecten.

El reconocimiento de nuestro entorno es muy importante porque el hecho de saber dónde estamos nos da la posibilidad de tomar decisiones de acuerdo a nuestro lugar, por esta razón hablamos del entorno visto desde su origen con diferentes conceptos como la **Cosmogonía** que nos habla por medio de los mitos de las culturas antiguas y religiosa del origen de todo, la **Cosmología** que nos muestra el panorama físico y teorías como el Big Bang para el origen del universo y el surgimiento de la vida con teorías como la Biogénesis que nos habla de seres vivos que producen seres vivos, la Abiogénesis que nos cuenta que la vida es por cuestiones del azar o la casualidad y la panspermia donde la vida es originada por materia extraterrestre. Además, tenemos el punto de vista de la **Cosmogénesis** que estudia la vida consciente del universo y la vida en su proceso de auto regeneración y de evolución del macrocosmos perfeccionándose y aumentando su nivel de consciencia, proceso que se identifica con el desarrollo del microcosmos que es el ser humano y teniendo en cuenta que la manifestación de periodicidad, la ley de Ritmo, el flujo y reflujo sucesivos e interminables como vida y muerte, sueño y vigilia, día y noche, los ciclos de encarnación o ley de renacimiento nos enseña que todo a nuestro alrededor incluso el universo es finito y por supuesto que todo tiene un fin.

Un recorrido por nuestra historia de teorías y conceptos, de avances en conocimientos y tecnología, nos permite entender un poco nuestro entorno además de disfrutar del gran placer que nos produce el universo visible y hace que miremos hacia lo más pequeño, hacia la física cuántica y con ello aprovechar todas las posibilidades que tiene la humanidad de mejorar a un ritmo mayor de como se ha hecho en los últimos siglos, la tecnología nos ayuda a ver de una manera majestuosa nuestro entorno, y nos da la posibilidad de ser mejores, ocupándonos en mejorar nuestro entorno, y así lograr hacer de este "UN MUNDO NUEVO Y MEJOR" ese mundo por el que sabemos no hacemos lo suficiente por hacerlo mejor y salvarlo.

Entender la dualidad de nuestro entorno nos da la posibilidad de ver como percibimos todo este mundo y así definir cómo debemos actuar, vemos que absolutamente todo es dual, el principio hermético de la Polaridad lo explica diciendo que todo es doble, todo tiene su opuesto, Visto nuestro entorno desde esta dualidad es posible entender muchos de los interrogantes que la vida nos presenta a diario. ¿Por qué me pasan estas cosas? ¿Por qué siempre me pasa lo mismo? Es aquí donde aprender a manejar la escala de los extremos y buscando siempre el término medio tendremos el equilibrio que buscamos. Si vemos en la escala entre el sufrimiento y la felicidad podemos entender un poco la razón del por qué sufrimos y cómo debemos lograr la felicidad tan solo encontrando ese equilibrio, entendiendo que la vida es sufrimiento y felicidad a la vez. Para lo cual es importante ver cómo es que somos, que herramientas tenemos y como aprovechar esta dualidad, al igual que es importante saber cuáles son esas leyes que debemos tener presentes.

La experiencia del hombre en este mundo es una prueba para ver si concentra sus esfuerzos, su mente y su alma en las cosas que contribuyan a la comodidad y la satisfacción de su naturaleza física, o si dedica su vida a la adquisición de cualidades espirituales, para ver cuál de nuestras naturalezas (material o espiritual) desarrollamos. Por lo cual, hemos hablado de nuestros mundos físico y espiritual aquella dualidad semejante al mundo dual en el que estamos y que fue concebida en igualdad de condiciones. Como es el día para nuestro desarrollo físico, emocional y mental, lo es la noche para el descanso y para entrar en contacto con el mundo espiritual. De esta misma manera tiene importancia nuestro mundo físico con relación a nuestro mundo espiritual "son idénticos en naturaleza y diferentes en grado".

El mundo físico es el contenedor para el mundo espiritual, están conectados, son uno solo, en la división tripartita nos muestra una parte adicional muy importante ya que conecta lo material con lo espiritual y es lo que conocemos como alma, es decir, nuestra conciencia, aquella que permite que podamos transitar entre lo material y lo espiritual, es aquella que por ser la parte intermedia es tan importante como lo es en la escala del tiempo el presente, es allí donde debemos estar para tener el control tanto de lo material como lo espiritual.

En la división septenaria se toman estos dos mundos y se subdividen ubicándolos de una manera grafica únicamente para una mejor comprensión, para identificar cada uno de estos campos con un cuerpo o vehículo, es "el cuaternario" la personalidad, es decir lo que tenemos para presentarnos ante la dualidad del mundo material y por la otra parte, la espiritual como "la triada", individualidad o ego, es con lo que contamos para presentarnos ante ese mundo sagrado.

La gran ventaja de entender esta división septenaria es la de ubicar en la forma adecuada los cuidados y el control de cada cuerpo, por ejemplo en el cuerpo físico y energético los cuidados adecuados con una alimentación sana, una adecuada dieta y un aseo diario, el deporte es fundamental para fortalecer el cuerpo, alimentarlo con buenas energías, limpiando y haciendo ejercicios de yoga ya que ayuda a que nuestra energía fluya adecuadamente por los centros energéticos o chakras, un tanto igual sucede con el cuerpo emocional perfectamente conectado principalmente con nuestro cuerpo mental quien lo alimenta, además que con sus pensamientos es el responsable afectando con enfermedades a los cuerpos energético y físico. De ahí la importancia de conocer y aprender a manejar nuestro cuaternario.

Hay algo más que debemos tener presente ya que en nuestra existencia pasamos por ciclos de 7 años, etapas de la vida donde vivimos una corriente de vida diferente actualizando un cuerpo como prioritario sin dejar de crecer en los demás cuerpos (físico, energético, emocional y mental) nuestra capacidad y nuestro comportamiento va cambiando y en cada etapa creciendo, evolucionando ya que este es el proceso de aprendizaje que nos va preparando y por el que pasa su vida el ser humano en este mundo. La comprensión de esto nos da la posibilidad de comprender la complementariedad existente entre hombre y mujer ayudándonos a tener relaciones más sanas en la medida que seamos capaces de ponerlo en práctica. Desde los inicios de la humanidad de acuerdo con lo que nos cuenta el génesis el hombre fue dividido con la idea de conocerse así mismo y esto es posible teniendo la parte que le hace falta para tener la unidad, y de esta manera es que vive esta dualidad que existe en no solo en el ser humano sino en todo lo que a nuestro alrededor existe.

Pero para completar de entender y porqué existe un entorno y porqué, o para qué sirven las herramientas que poseemos, debemos entender que también existen unas leyes o normas algunas creadas por el hombre con el objetivo de lograr una convivencia y otras atribuidas a un ser superior controladas por la religión, y la ciencia nos enseña leyes matemáticas, algunas en concordancia con las leyes naturales, y finalmente con leyes o principios universales como las explicadas en el libro El Kibalión, leyes que debemos comprender, reconociendo y aprendiendo a respetar para pasar por esta experiencia terrenal y de las cuales aprendemos muchas de ellas con el sufrimiento.

El ser humano ha investigado y estudiado nuestro entorno desde el inicio y en todas las culturas antiguas, aun en la edad media cuando el conocimiento era una herejía, en la época del renacimiento y en la actualidad es parte fundamental para reconocernos a nosotros mismos y entender las leyes de las cuales nosotros hacemos parte.